本书受天水师范学院甘肃省重点建设学科马克思主义理论一级学科和天水师范学院马克思主义学院思想政治理论课专项资助

杜威哲学 与 社会改造

DEWEY'S PHILOSOPHY
IN SOCIAL RECONSTRUCTION

钱晓东 著

社会科学文献出版社
SOCIAL SCIENCES ACADEMIC PRESS (CHINA)

摘　要

杜威将传统经验论由感官知觉改造为人与环境的相互作用。杜威哲学的核心是工具主义和实验主义。实验主义促使哲学被积极地运用于社会改造。

杜威将社会定义为在共同的兴趣与需要的基础上组成的一群人。各种社会因不能同时和平等地发展而产生冲突。公众为保护自己的利益而催生了国家、机构及官员，它（他）们都是工具性的。

基于以上思想，杜威哲学被运用于经济、政治和信仰领域的改造。

在经济方面，实验主义认为应该进行社会控制（税收和地租社会化）和联合（劳资双方通力合作）。依靠合作和分享，有限的资源可以为了实现人的发展的合理目标而被最大限度地利用，经济动机可以由追求财富本身转移到人的发展上。

在政治方面，经过改造的政治机制应该维护人民的统治，确保公众的利益。但以李普曼为代表的传统派认为，社会发展只能依靠少数训练有素的专家驾驭。杜威认为李普曼的主张必然导致少数人的统治。依靠教育、实践以及合作，大多数人最终可以处理公共事务和自己的生活，当然公众不必事事亲力亲为，复杂和专业的公共事务还是需要代理人，但后者的权力应该受到限制。

人的实现还有赖于一种精神上的信仰作为人们之间联系的纽带。杜威提出"宗教性"概念，信仰的对象由"那个上帝"（The God）转向"一个上帝"（A God），由终极实在转变为工具和中介，并服务于人类的经验和生活。

以尼布尔为代表的不少人质疑人类是否有足够的智慧、勇气以及团结的精神来促进社会变革，杜威认为，面对迫在眉睫的问题，整个社会必然会产生足够的变革动机，这些动机又能生发出足够的智慧，使之通过教育、沟通和协作实现新的社会理想。

关键词：杜威　实验主义　工具主义　社会改造

目　录

导 论

　　我们不像希腊人那样把哲学当作私人艺术来研究，哲学具有公众的即与公众有关的存在，它主要是或者纯粹是为国家服务的。①

——黑格尔

一　解决社会问题的哲学

　　约翰·杜威（John Dewey）是世界上著名的哲学家和教育家，还是 20 世纪上半叶美国著名的政治家与社会活动家，他把解决社会问题看作哲学的首要使命。杜威在学术上精益求精，这使他成绩斐然、声誉卓著，但他并不是一个不谙世事、有着守旧形象的学究，而是一个把社会作为哲学研究对象、关注人的问题并将教育置于社会问题中的先行者。杜威带着浓厚的兴趣从事社会政治理论研究并积极投身于自由实践。在"一战"结束后的几十年里，他积极地参

---

　　① 〔德〕黑格尔：《法哲学原理》，范扬、张企泰译，商务印书馆，1961，第 8 页。

与了美国许多重大的政治、社会与文化运动，竭力为政治和社会事务著书立说，出版了《公众及其问题》《新旧个人主义》《自由主义与社会行动》《自由与文化》等一系列著作，阐述了自由主义的政治观。他的一系列主张有力地推动了美国社会、政治的发展，产生了巨大的影响。基于这些原因，杜威获得了很高的声望，被誉为"美国的人民哲学家"。

作为美国实验主义承前启后的宗师，杜威一方面成为古典实验主义的总结者，另一方面开启了后现代实验主义尤其是分析实验主义的研究先河。他对传统二元论哲学进行了持续的批判和改造。由此，杜威开创了一种迥异于传统二元论——无论是唯理论还是经验论——的哲学风格。他通过重建经验概念和经验方法，使哲学不再是为了满足饱食终日的有闲阶层"惊讶"需求的私人艺术，不再是为了寻求某种绝对确定性，而是作为一种生存的技艺，使人们在这个动荡不安和危险的世界寻求安全盖然性，是为了让哲学和人们的实际生活息息相关。所以，杜威的实验主义具有强烈的生存意识，这促使他对旧有的二元论进行了坚定的批判和持续的改造。他强调，必须在经验之中即实际生活之中，以交互作用取代二元对立、以实验的方法取代先入为主，并在此基础上卓有成效地运用理智的力量，最大限度地促进人类团结互助，最终形成一个联合的社群。只有深入地理解实验主义的精髓，杜威社会哲学的基本架构或许才能为人所理解，也就是一种新的关于经验、自然、生命观和工具主义的方法论真正切入人生与社会研究之中。

人的问题是实验主义哲学的宗旨和精髓，而社会又是人最本质的生存方式，哲学应该关注人的生存和人与人之间的关系问题。杜威明确指出，哲学应该关注"人的问题"而不是"哲学家的问题"。

以"人的问题"为中心的正义感、针对各种问题的批判精神和人文关怀意识，赋予现实生活以崇高的民主理想，这是杜威政治哲学引人注目和保持内在生命力的源泉所在。

无论是"经验"概念还是"工具主义"的方法，都应该将社会理想作为其最高目标。实验的方法、合作的态度以及注重行动的倾向，使杜威的经验哲学在人类文明进程中发挥着重要作用，反过来又在这个过程中丰富和发展自身。如果说"实验主义"是对传统形而上学二元论哲学的彻底改造，那么"彻底的经验主义"在社会哲学中的运用就是对以往专制、守旧和威权社会观的重大颠覆。杜威挖掘出个体性、交流和协作在民主社会中的巨大潜力。根据杜威的"经验"方法，重视关系和相互作用的方法取代了基础主义和实体的旧哲学观念并被引入社会探究之中。"社会"由传统的坚固实体转变为主体之间的相互关系，在这种观念之下，重视个体和沟通协作、相互促进并不断生长被认为是可能的，而且是不可或缺的。所以，其"经验方法"必定被纳入"社会"观念之中，哲学由私人艺术进入社会历史领域，开始关心人的生存。杜威将"共同体"的形成看作社会理想的最高目标，只有在"共同体"中，个人的主体性才能真正得到彰显，个人生活才能获得意义，而不是如同旧的个人主义那样，把个人看作毫无内在性的原子。在这个意义上，社会在个人相互关系的基础上成为一种生活方式。也就是说，社会不仅不是和个人相对的实在实体，相反，它是一种鲜活具体的生活方式和生活手段。凭借它，个体不仅进入生存的情境，而且进一步显示出日益成长的意义。社会就是日常生活，就是存在其中并且不断生长和丰富着的经验。社会的价值和理想不是通向一个终极的彼岸，而是通过日常生活对自身状况不断肯定和改善。所以，"社会"是杜威实验主义哲学的充分体现和完满表达，是其"工具主义"方法的用武之地和实现之处。"杜威通过自己毕生的努力表明哲学可以被有效地利用，在社会改造中展现出自己的巨大价值。这既是他生活的目标，又是哲学的责任。"①

正是基于这样的原因，本书认为，以"社会"为主题，能够充分阐释杜威实验主义哲学的最终目标。

具体来说，杜威社会哲学研究的重要性主要表现在以下四个方面。

首先，杜威将哲学和社会进步紧密联系起来的做法，对中国的改革不无借鉴意义。众所周知，杜威在华演讲的重头戏就关乎政治社会内容，这对当时处于水深火热中的中国民众无疑触动极大，很容易引起渴望改变中国命运的知识分子的共鸣。在此背景下，杜威学说经他的学生胡适等人的传播产生很大的影响，就是很自然的事了。当然，由于历史与现实、中国与世界的原因，中国人民最终选择了马克思主义，后者指导了中国的革命与建设。然而细加考察，在马克思主义中国化进程中，实验主义与马克思主义，也就是问题与主义之间并不是水火不容的。中国化的马克思主义的很多理念，如实事求是、中国特色、"黑猫白猫"论和实践观点等，都有很大的实验主义成分。没有问题的主义是空洞的，没有主义的问题是盲目的。可以预见，杜威及实验主义无论对中国的社会发展和改革，还是马克思主义的发展，都将产生积极的影响。因此，研究杜威思想在社会诸领域的运用是非常有意义的。

其次，有助于我们全面深入地理解实验主义思想。实验主义是

① Henry Steele Commager, *The American Mind* (New Haven: Yale University Press, 1950), p. 100.

美国本土哲学，代表了美国精神，通过杜威能更深入地了解美国。如同康德既是德国古典哲学的总结者又是现代哲学的开启者一样，杜威作为古典实验主义三杰之一，既是古典实验主义的集大成者，又是后现代实验主义的开启者，这就使他的思想具有很重要的意义。了解杜威及其哲学观点有利于我们把握实验主义思想的来龙去脉及发展走向。

此外，杜威还被誉为"美国精神的象征"，其思想也确实能代表美国精神的一个方面。他的弟子悉尼·胡克说："在美国思想走向成熟的年代，杜威所起到的重要作用无人可以比拟。几乎美国思想的每一个领域他都做出过贡献，美国生活的任何一个方面他都进行过阐释。他的影响遍及学校、法院、实验室、劳工运动以及国家政治生活等方面。"[1] 因而杜威思想也是我们了解美国历史、文化、精神和社会生活的一扇窗口。

再次，杜威的哲学观点是儒家思想的一面镜子，研究杜威思想是把握儒家思想的一条途径。早在 20 世纪初，杜威就被蔡元培冠以"孔子第二"之名。的确，"这两位哲学家都在寻求能够包容人类存在的最为丰富的范畴，孔子谓之为'道'，而杜威称之为'经验'"[2]。在他们各自的话语里，这两个概念都和存在、生活、历史、社会、自然、过程等同，都是属人的（孔子认为道不远于人，杜威将经验定义为人与环境的交互作用），都将问题的中心落于人身上（孔子谓之"仁"，杜威认为哲学的问题是"人的问题"），都强调实际行动而不是纯粹思辨，都致力于建立人类共同体。但随着宋明理

---

[1]　Sidney Hook, *John Dewey* (New York: Prometneus Books, 1995), p. 4.

[2]　Joseph Grange, *John Dewey, Confucius, and Global Philosophy* (Albany: State University of New York Press, 2004), p. 46.

学的发展，儒学逐渐有了形而上学倾向（理对气、心对物的绝对优势），而变得凌空和专断起来（由于这个原因，20世纪初新文化运动者将中国的落后归咎于儒家学说）。在西方，传统的二元论形而上学也有同样的缺点，而杜威对之进行了改造。因此，通过借鉴杜威思想，可以使先秦儒学的风貌气象在一定程度上以否定之否定的方式得到恢复。

最后，杜威思想有助于对马克思主义本义进行澄清。马克思主义认为，自然存在的人类，一开始就面临着"粗暴事实"[1]，因此"对实践的唯物主义者即共产主义者来说，全部问题都在于使现存世界革命化，实际地反对并改变现存的事物"[2]。在此过程中，他"使自己的生命活动本身变成自己意志的和自己意识的对象。他具有有意识的生命活动"[3]。但和传统的唯心主义者不同的是，马克思强调"人应该在实践中证明自己思维的真理性，即自己思维的现实性和力量，自己思维的此岸性"[4]。马克思主义的精髓就在于立足感性世界、发挥自己的能动性、通过实践积极地"改变世界"[5]。马克思将自己的学说定义为"作为完成了的自然主义＝人道主义，而作为完成了的人道主义＝自然主义"[6]。这种"彻底的自然主义或人道主义，既不同于唯心主义，也不同于唯物主义，同时又是把这二者结合起来的真理"[7]。无论是自然的人道主义还是人道的自然主义，都意味着

---

① 《马克思恩格斯选集》第1卷，人民出版社，1995，第80页。
② 《马克思恩格斯选集》第1卷，人民出版社，1995，第75页。
③ 《马克思恩格斯选集》第1卷，人民出版社，1995，第46页。
④ 《马克思恩格斯选集》第1卷，人民出版社，1995，第55页。
⑤ 《马克思恩格斯选集》第1卷，人民出版社，1995，第57页。
⑥ 《马克思恩格斯全集》第3卷，人民出版社，2002，第297页。
⑦ 《马克思恩格斯全集》第3卷，人民出版社，2002，第324页。

人与环境密不可分而又相互作用、相互成就的依赖关系，这和杜威的经验概念如出一辙、不谋而合。马克思主义既不依靠先验的真理，也不追求终极目标（"共产主义是最近将来的必然的形式和有效的原则。但是，共产主义本身并不是人的发展的目标，并不是人的社会的形式"[①]）。在它那里，"历史的任务就是确立此岸世界的真理"[②]。

无独有偶，"杜威从劳动分工中追溯哲学二元论的根源，反对超时空的终极目标的设定，强调哲学与社会环境的紧密联系，注重实践的本体论地位，主张理论与行动的不可分离等，与马克思的相关思想都非常接近"[③]，以至于他"最出色的学生"胡克"在信奉实验主义之后的至少十多年间，仍然是一位坚定的、活跃的马克思主义者"[④]。研究杜威思想，可以使我们更好地将马克思主义看作指南而不是一套僵化的教条，从而在与实验主义的对照中使马克思主义的本义更加彰显。

二　杜威社会哲学研究状况

杜威的实验主义哲学是作为传统哲学的批判者出现的，这就不可避免地使杜威的支持者以及对他的研究主要出现在美国，并且自然而然地使英语成为学术成果使用的主要语言。其他国家如欧洲国家和日本等也有相关研究，但较之美国，可谓寥若晨星（至于苏联，则是从意识形态出发，因为杜威曾经参与调查过托洛茨基被刺案，

---

① 《马克思恩格斯全集》第3卷，人民出版社，2002，第311页。
② 《马克思恩格斯选集》第1卷，人民出版社，1995，第2页。
③ 陈亚军：《胡克：马克思主义还是实验主义》，《广东社会科学》2003年第3期。
④ 陈亚军：《胡克：马克思主义还是实验主义》，《广东社会科学》2003年第3期。

故认为他的哲学是"唯心主义"的）。相比杜威的哲学，这些国家和地区的学术圈其实更关注他的教育思想，后者产生的影响实际上远远大于他的实验主义哲学。例如在日本，"新学校""明天的教育"可谓风行一时。尽管如此，从另一个角度来看，由于教育是一个国家和民族发展的真正动力，教育就和本民族的未来息息相关。因此，杜威教育思想的成功已经内在地预示了实验主义哲学在美国的成功，对很多后发国家起了推动作用。杜威对美国精神进行了分析和总结，他的思想对于美国社会和美国民众的影响，可以说非常之大。实验主义对美国政治、经济、宗教和文化等各方面的影响是举世公认的。作为最有影响力的美国实验主义哲学家，杜威的哲学思想得到广泛关注和研究就是自然而然的事情了。20 世纪 50 年代，在美国学术界曾兴起以逻辑和语言分析为显著特征的分析哲学，包括逻辑实证主义在内，但实验主义并没有因此受到大的冲击，更没有被取代，反而与分析哲学水乳交融并发展出分析的实验主义。其中固然有实验主义与分析哲学拥有共同的经验主义（当然，杜威对于经验以及经验主义有着独到的见解）渊源的原因，但更重要的在于实验主义哲学本身的生命力。杜威甚至将实验主义称作对康德哲学的再"哥白尼式革命"，可见他对于实验主义哲学的自信。

正因如此，实验主义凭借其固有的生命力和影响力，传播到欧洲和亚洲大陆，不少学者深受影响，如英国的席勒、意大利的帕比尼和瓦拉蒂、中国的胡适、日本的小野英次郎和新渡户稻造等。法兰克福学派的代表人物哈贝马斯也自称深受杜威的人与自然交互、文化沟通与社会建构思想的影响。①

----

① 尽管如此，在欧洲的哲学讲堂上，占主导地位的依然是康德、海德格尔等，甚至在美国，20 世纪 70 年代，实验主义一度衰落，然而康德的学说却长盛不衰甚至历久弥新。

　　和很多哲学家一样，杜威的哲学思想也是逐渐发展成熟的。1925 年他出版的《经验与自然》一书通常被认为是实验主义流派最重要的著作之一，也是其思想真正成熟的标志。然而 20 世纪 30 ~ 70 年代，随着实验主义的衰落，作为古典实验主义集大成者的杜威不可避免地受到影响，其间对杜威的研究只能用兴趣索然来形容。在不少人眼里，杜威的哲学实在太不"哲学化"了。

　　20 世纪 80 年代以来，杜威和实验主义进入复兴期。这一阶段杜威的哲学重新唤起了众多学者的研究兴趣。随着罗蒂《哲学与自然之镜》的问世，以及普特南所代表的新实验主义的异军突起，杜威和古典实验主义再次引发关注。不同于古典哲学的终极主义做法，杜威持一种工具主义的观点。这种工具主义和逻辑语言结合在一起，对于分析哲学来说，其逻辑和语义学有了用武之地；而对于实验主义来说，结合分析的方法使其工具主义如虎添翼，可以更加准确地进行经验探究。它们各取所需并因为对方而获得新生，使深入、冷静和客观的思考成为可能。

　　尤其值得注意的是，复兴和结合分析哲学的实验主义一方面继承了古典实验主义批判哲学的传统，另一方面积极促进哲学与社会政治理论的结盟，以便更为有效地参与现实世界的改造，研究知识与社会的关系，并且在其政治哲学方面获得一定的研究成果。对于杜威政治思想的研究，国外已经深入开展了大量工作，尤其在美国，更是成果丰硕。这方面的重要学者有悉尼·胡克（Sidney Hook）、约翰·麦克德莫特（John J. McDermott）、罗伯特·韦斯特布鲁克（Robert B. Westbrook）、查理斯·富兰克尔（Charles Frankel）、理查德·伯恩斯坦（Richard Bemstein）、康奈尔·韦斯特（Cornel West）、詹姆斯·坎贝尔（James Campbell）、约翰·斯图尔（John Stuhr）、约翰·里德（John Ryder）、詹姆斯·古因洛克（James Gouinloek）、索姆基（A. H. Somjee）等。其中坎贝尔的《理解杜威：自然与协作的智慧》凸显了实验主义视野中自然和社会历史水乳交融的关系，是这方面不可多得的力作。当然，这和杜威哲学本身的特点是分不开的，因为在实验主义看来，离开人、离开社会的所谓"自然"既无必要也没有可能去进行研究。麦克德莫特的《约翰·杜威的哲学》也有类似特点，它一方面完整地总结了杜威的哲学思想，另一方面在社会历史部分突出了杜威的政治思想。韦斯特布鲁克的《约翰·杜威与美国民主》则采用了一种历史的视角，以纪实的方式，完整地描述了杜威参与的社会活动与其政治思想，长期以来是最受好评的关于杜威生平及思想的著作。其他如胡克和韦斯特等人也对杜威的政治思想进行了深入且全面的研究。胡克作为学生，对杜威思想的理解有着得天独厚的优势。近年来则有布里特·盖里（Bullert Gary）的《杜威的政治学》、威廉姆斯·卡斯帕里（Williams Caspary）的《杜威论民主》等。这些著作在前人的基础上对杜威的民主观和政治哲学进行了深化和细化。可以说，对杜威的政治哲学的研究一直在继续。当然，这些学者多集中关注他的政治思想，而从经济、宗教和文化等诸多方面系统完整的论述则非常少见。

在国内，作为哲学家，杜威最受我国知识界重视的还是他的经验主义学说以及工具主义方法论，着眼点集中于他的知识论及迥异于传统哲学的真理观。中国历来就有将教育置于社会生活重要位置的传统，作为教育家，杜威很自然地受到了中国知识界的重视，其教育思想在中国一度受到推崇，对于杜威的教育思想的研究也出现了一批有深度和广度的成果。

当然，国内学术界对杜威的实验主义哲学以及教育学的研究，还是不可避免地涉及他关于社会、政治和人文方面的思想，因为教育毕竟不能脱离这些领域而独立存在，所以国内学术界偶尔也会触及杜威的伦理学内容。但无论如何，专业、研究目的以及价值取向会限制研究者全面地阐述杜威的社会思想。因此，迄今为止鲜有研究者能够深入社会生活的一些重要领域，比如经济、文化、政治及宗教，尤其是结合美国的历史和传统来阐述、挖掘杜威社会思想的丰富内涵和指引意义。

造成这种现状的重要原因在于我国特殊的政治与文化环境。五四时期及其后的几十年里，我们对于杜威的社会思想乃至其整个哲学体系的了解仍只停留在表面——尽管杜威访华时最先做的演讲是有关社会政治内容的，而且在以后很长一段时间内都密切关注着中国局势的发展，期待中国人民掌握自己的命运。在一些重要问题上，我们所了解的杜威离真实的杜威仍十分遥远，甚至是一个面目全非、与实际大相径庭的杜威。

从五四运动起，国内断断续续地出版了杜威的一些哲学和教育学著作，但是在 20 世纪 50 年代到 80 年代初期，对其思想的解读可以说少之又少。在 80 年代以后，情况才有了比较大的变化。杜威原著译本和其他研究资料陆续出版，杜威哲学研究近年来渐渐成为国内学界的热点。上海财经大学人文学院陈怡所写的《经验与民主》，分析了杜威社会哲学、政治哲学涉及的几个基本问题。作者充分发挥其英语优势，从语义学、文字考证的角度，重点解读了杜威政治哲学基本问题的内容和逻辑。香港学者杜祖贻所写的《杜威论教育与民主主义》则主要论述了在学校教育过程中贯彻民主原则的问题。对我们理解杜威的社会哲学思想有较大参考价值的是孙有中的《美国精神的象征——杜威社会思想研究》，该书比较全面地记述了杜威的社会政治实践活动，不过笔墨主要集中在对他一生的政治民主实践活动的描述和概括性介绍上，对其社会思想进行深入分析和论述方面则较为欠缺。孔祥田的博士学位论文《经验、民主与生活》紧紧围绕杜威民主思想中的几个核心概念——经验、民主与生活展开，较为系统地研究了杜威的民主思想，是一部关于杜威政治思想的力作。郑国玉的博士学位论文《杜威：作为生活方式的民主——论杜威在政治哲学上的变革》对杜威的民主教育思想进行了充分深入的研究，较有特色。董山民的博士学位论文《民主的改造——杜威政治哲学辨略》对民主的论述较为翔实，尤其涉及经济民主思想，但仍稍显简单。到目前为止，国内学者较少注意到杜威社会思想的丰富性和完整性，也未涉及杜威工具主义在社会生活中的运用对我国改革的借鉴意义。

三　本书研究思路、方法及特色

（一）思路

自古以来，思想家在提出某种观点之前，总会在哲学理论中寻找其学说成立的依据，杜威提出的诸多社会变革的主张也是有哲学依据的。因此，要想研究杜威思想之于社会变革的作用，首先要对他的思想进行深刻的分析。本书首先探讨杜威哲学思想中与社会变革密切联系的两个观点——激进的经验主义和"工具主义"学说。杜威认为，自古希腊以降直至黑格尔的西方传统哲学把主要问题定位于某种更高的实在。这种实在有多种名称，如是者（巴门尼德）、理念（柏拉图）、神（亚里士多德）、上帝（中世纪哲学）、理性

（康德）和精神（黑格尔）等，它位于构成科学正确认识的题材背后，是独立自主的领域，结果使哲学越来越远离现实生活。传统哲学对人生和社会现实问题的忽视，使其逐渐成为一般民众所不信任的专断和凌空的东西。杜威指出，哲学必须与现实生活紧密联系才能保有活力，必须从过去追求抽象而无用的所谓本质或实在转变为对人们的日常生活有所启发和能提供指导的东西。也就是说，哲学应当立足生活，回归生活，关注现实的人，培养人们处理人生事务的能力。杜威就这样为哲学确立了新的任务，简单说来，就是哲学不应被看作脱离现实情境的独立存在，而应该和现实世界紧密联系起来，由此他提出了独到的经验概念。

杜威认为，传统哲学把经验与自然截然分开的二元论立场，不仅使认识论陷入困境，而且导致哲学最终蔑视经验而远离了生活。在杜威看来，经验实际上就是人生活的经历，是生命活动的一种方式，是人与周围环境有机体的一种相互依赖、彼此维系的关系性存在。

与改造的经验相联系的是杜威的工具主义学说。在他看来，任何知识都是一些陈述，不是为了证明有一个不变实有的领域，而是作为人们最为便利地、最广泛地和最为稳妥地转换各种推论的手段。当人们使用工具去控制事物的发展进程，使其产生的结果符合人们的期望时，这些工具性手段就有了中介的性质，其意义就在于事情会如何发展，而不是它本身是什么。科学不是对实在所具有的最后的、自足的形式的掌握，而是产生直接占有和存在的一个工具、一种假设，它的有效性在于能够产生什么，而不是与什么相符合。也就是说，工具主义意味着实验主义使用的方法是一种"实验的方法"，它并无威权可以依靠，而是具有可重复性、可错性、公开性以及客观性。它把观念、假设、理想都当作灵活的工具，可以采取不拘一格的、不同的观念与行动，只要能够达到预期效果，就不必符合一个先在的、实有的知识领域。因此，它们是一种可能的操作，使具体行为安全、经济、有效，它们的根源与意义都在于涉及具体情境的操作。

与此类似，在社会领域的诸多观念、设施和机构，如国家、政府、企业、教会、学校、家庭、法律、文化、思想、道德、信仰和理想等，也具有同样的性质，它们不是独立、先在、永恒的东西，而是自己的目的。① 相反，它们是使社会和人生变得更好的工具。它们不是一成不变的，不是让人们服从，而是根据人们的目的随时做出调整和变化，它们应该服务于人，个体和它们之间的关系应该受到重点关注。有了这种思想观念，社会和人就能够克服种种困难，不断进步。

按照这个思路，在社会诸多领域的改造就可以根据实验主义思想进行下去。本书依次选取了杜威思想在经济、政治和宗教方面的运用，然后以杜威的视角展望改造的预期效果——资本主义的前途。

（二）方法

本书采用了文献研究法、跨学科方法以及历史与逻辑相一致的方法。

采用文献研究法，主要是考虑到本书的学科特点。归根结底，本书是哲学文献，那就不能越过其理论属性，因此相关文献就显得

---

① 无独有偶，马克思也认为很多社会观念和社会存在，如宗教、家庭、国家、法、道德、科学、艺术等，都不是本身自为和独立的存在，而不过是生产的一些特殊方式，并且受生产的普遍规律的支配。（参见《1844 年经济学哲学手稿》，中共中央马克思恩格斯列宁斯大林著作编译局编译，人民出版社，2000，第 82 页）

越发重要。本书主要参考三类文献：一是美国南伊利诺伊大学出版的《杜威全集》；二是国内出版的杜威著作单行本；三是相关学者研究杜威的专著，包括国内外学者的英文和中文专著、期刊文章等。

采用跨学科方法，是因为杜威的社会思想包括他对诸多领域的看法，涉及政治、经济、文化、教育、宗教等。要对杜威在这些领域的主张见解和其思想之间的关系进行研究，就必不可少地牵扯到相关知识。甚至在哲学领域，也要涉及其他学派的理论思想，如古典哲学、后现代哲学、马克思主义哲学等。它们和实验主义之间的关系，是本书需要特别关注之处。

历史与逻辑相一致的方法为很多研究者所采用，对于本书尤其重要。因为杜威的学说从来就不是蛰伏于象牙塔中的古籍，而是和现实情况、人们的行为紧密相连的思想。杜威强调任何思想、观念、知识、学说都应该为具体情境、为人们的实践行为服务，并接受实际事物发展结果的考验。社会的改造不是逻辑的推理，不是思想的运动，而是实实在在的经验探究。逻辑应该运用于历史的发展进程之中，历史的发展应该采用工具性的观念、知识和理想，应该凭借人们运用智慧的办法持续不断地努力，应该依靠人们充分地交流、沟通、协调，应该依靠共同体成员真诚地团结合作。正因如此，逻辑和历史相一致的方法是不可或缺的。

（三）特色

本书的特色主要有以下几方面。

一是发掘出实验主义的三种方法——效果检验、合作和沟通——对现代经济学的启示作用。

经济行为的目的长期以来被认为是获得效用，但这一目标是有争议的，而且效用本身不可衡量，人与人之间的效用也不可比较，因而不能通过效用评价社会经济的发展。然而根据实验主义，经济发展是为了人的发展，人们只需衡量财富的创造在多大程度上促进了这个目标的实现，就可以判断经济发展的优劣，这是一种有助于摆脱物化和异化的经济观。

采用合作的办法，可以使人们在社会财富的创造中避免各自为政，从而促进社会财富的增加，最终有益于所有人，这是以私有制为前提的西方经济学教科书上不曾出现的。而且不难推知：生产资料公有最有利于促进合作，使联合的社会化经济成为可能。杜威的联合思想是对马克思《1844 年经济学哲学手稿》中共同资本和联合思想的诠释和拓展。

采用沟通的方式，在个体偏好各不相同的情况下，达成统一的意见是可能的。传统经济学中的"阿罗不可能定理"将注意力集中在程序上，没有看到表面上偏好不同的个体其实存在共同的利益，只要经过充分的协商沟通，人们的心智潜能便会渐渐显现，意见会逐步清晰，最终将会在民主氛围中科学地做出最佳的公共选择。这体现了功利主义思想之孤立个体观基础上的古典经济学所没有的眼光和智慧。

二是通过改造政治，解决了究竟应该由谁统治的问题。柏拉图曾借苏格拉底之口将治理问题比作"航海术"，将治理者比作"舵手"，于是国家的根本在于回答这样一个问题："应该让谁来统治？"他本人至少提供了七种答案。由于该问题的答案过于庞杂，而且在本质上相互冲突，诸多邦国往往因此从内部瓦解。即使到了现代，冲突依然是显而易见的，甚至更加复杂激烈：现代政治制度意味着人民统治，但是数量上占多数的民众可能不具备治理能力，而让少数杰出人物统治则会导致专制，最终损害民众利益。现代的"柏拉图之问"依然存在，如果回答不当，不是出现民粹就是导致专制。国家之船在前一种情况下会因不熟练的舵手操控而有触礁的危险，在后一种情况下会偏离人民利益的航向。本书通过对照杜威和沃尔特·李普曼的公众观及关于美国民主的立场对现代"柏拉图之问"进行了解答：民众通过选出一个中介，即自己的代理人，来实现自己的利益，但一定要确保对后者的控制力。换言之，间接的民治是现代"柏拉图之问"的答案，它一方面可巩固民有之基础，另一方面能实现民享之目的，使西方传统的民有、民治和民享三原则得到实验主义诠释。

　　三是杜威对于上帝观念的改造，以一种自然的形式，肯定并拓展了康德的理性宗教。康德在理性领域为信仰保留了地盘，力图创立理性宗教。但如果运用先验的方法（他的根本方法），即通过一套严密的辩证推理方法证明上帝存在，又会陷入被他批判过的本体论证明中去。于是他采取了假设的办法即上帝公设，也就是假定上帝存在而且是一个神圣的信仰对象。这实际上是一种实验主义的方法，意味着上帝不再是一种实存，不再是一个认识的对象。也就是说，人类需要确信，其追求至善的目的一定会达到，其通过道德上的努力一定会获得全善、全知、全能的主宰的指引和支持，其所作所为也一定会被一个最高法庭来鉴别与判决。通过自由意志与神圣的善意的创世者的意志的协调一致，纯粹实践理性得以实现。上帝公设采用了一个"假设"的中介、一个有利于承担道德责任的工具。只有借助于这个中介和工具，理性宗教才是有保障的，才是前景光明和富有生命力的。上帝公设的采用表明，不是先天的道德原则而是实验主义方法产生的灵感满足了人类信仰方面的需求。

第一章　新经验主义与工具主义

有一种唯物主义学说，认为人是环境和教育的产物，因而认为改变了的人是另一种环境和改变了的教育的产物，——这种学说忘记了：环境正是由人来改变的，而教育者本人一定是受教育的。[①]

——马克思

杜威的基本哲学观是他关于经验的哲学，杜威是一名经验主义者。和传统经验主义相比，他改造了经验概念。在他的视野里，经验论是一种行动哲学，而不再是一种被动接受的认识哲学，那种只注重被动接受的旁观角色以及对世界无可奈何的祈愿态度不再重要，哲学的关注点应该转向应对和控制周围环境的行动。因此，"我们需要发展一种哲学能够整合我们生活的理论与实践，而且可以用它作为工具去批判与评价我们长期以来的文化"[②]。

---

① 《马克思恩格斯选集》第1卷，人民出版社，1995，第59页。
② James Campbell, *Understanding John Dewey* (Chicago, IL: Open Court Publishing Company, 1995), p. 67.

第一节　经验概念的改造

一　传统的经验论及其困境

杜威的经验论只有在同传统的经验论做比较的过程中才能被清楚地理解，所以本书首先考察一下传统的经验论。

在洛克及休谟那里，经验主要是一种感官知觉，即通过人的感官来感觉对象。这种经验论大致可以用图 1 - 1 来表示：

$$认识对象 \xrightarrow[\text{器官}]{\text{表象（感觉材料）} \text{感觉}} （观念）$$

图 1 - 1　传统经验论示意

在图 1 - 1 中，人们面对认识对象发出了能够表现自身的表象，该表象被人的感觉器官所接受。如果人们看到一个物体，比如一个苹果，那么苹果会通过眼睛给大脑传递一幅图像，在大脑中形成一个红色的圆形斑点。然后思维会对这幅图进行处理，即通过反省，最终形成关于苹果的观念。或者说，依照洛克的说法，人的感觉器官就是一块白板，对象发出的感觉材料会印在这块白板之上，进而形成观念，这就是经验。

这种经验论的第一个麻烦在于，表象被输入头脑之中，并存在于头脑的某个地方，比如说，当看一个苹果的时候，在头脑中，也就是眼睛后面的某个地方，会出现苹果的图像——一个红色的斑点，就像物体在照相机上形成的影像一样。然而，假如另外一个人的目光能够穿透观察者的大脑，他会看到什么呢？是关于苹果的图像吗？答案是否定的，他只能看到诸如脑沟、血管、脑髓等东西。假如他的视力更好一些，情况也不会有太大变化，比如他还可以透视到神经，然而，神经也只是由更多的神经元组成而已，可以肯定的是，即使这位观察者的视力不断提高，就像显微镜的倍数不断提高一样，他也永远不会找出苹果的图像。

一个正统的经验论者会说，这种来定位苹果的表象的方式是错误的。因为对象亦即苹果本身是物理性的，而关于苹果的观念是精神性的，苹果是通过对苹果的表象而被间接认识的。如此一来，传统经验论就是一种认识上的二元论：存在外在的、由物体占据的物理世界与内在的、由观念占据的心灵世界的二元世界。为了获得确定的知识，需要采用某种方法，以便在外部的物理对象和内在的心灵世界之间建立某种必然的因果性联系。也就是说，在两个世界之间需要有某种中介性的东西进行连接。比如洛克说，物理对象发出了某种"不可感觉的东西"①，这种东西在大脑中引起了"振动"，从而形成了观念。这种"不可感觉的东西"就是被经验论者长期以来称作"感觉材料"的东西，它是一种不可感知的信息，从物理对象中发出并与认知者的感官建立因果联系，从而在认知者的中枢神经系统中产生一系列反应，这些反应又产生了精神性的表象即观念。

然而，新的问题又出现了：既然经验主体获得的仅仅是对象的表象，那有什么理由说这表象或观念能真实反映对象本身呢？也许可以认为我们看到的苹果和真实存在的苹果是一致的，可是真的能够排除我们不是出于幻觉吗？我们看到的海市蜃楼和在发烧、做梦时看到的表象也是真实存在的吗？或者说，我们看到的这些表象和真实存在是一致的吗？答案是否定的，正如康德所说，我们只能接受表象，亦即认识现象，至于对象本身，亦即"物自体"是永远也

---

① 转引自〔美〕塔利斯《杜威》，彭国华译，中华书局，2002，第44页。

无法认识的。贝克莱甚至更进一步地认为，即使是这个物体本身，也是不存在的。他的论证是，既然我们能接触的只是表象，那所拥有的就只是精神性的观念，也就没有理由相信有什么事物能够超出感觉之上。换句话说，所谓存在，只是被感觉而已，至于是否存在事物本身，答案是否定的，至少是无法确定的。

当然，人们可以这样来回应唯心主义者，他们声称，人经验到的现象是有其连续性与规则性的。观察到的海市蜃楼不多久就会消失，不能再度经验到它；但对于一个苹果，只要注视它，它就会存在。前者是一种幻象，后者无疑是持续存在的。而且，经验到的现象之间普遍存在一种固定的联系，比如太阳对一块石头照射的时间足够长，石头就会发热，这说明阳光照射与石头发热之间存在某种固定的因果关系，它们通常不依赖于人的感觉而存在，只是通过感觉材料把这种规则送入经验内部。然而这样一来会更加麻烦，如何知道经验具有因果性？这种规则是可以体验的吗？或者说，规则的客观性和感觉是一致的吗？答案依然是否定的，原因很简单：不能在感觉的基础之上确证这种感觉真实地表现了外部对象，而当内在感觉无法被确证是外部对象的确切表象时，关于外部对象的存在就是不能保证的，或者说不能确定思维之外存在能够在思维中产生观念的对象，也无法确定经验中存在规则。这些困境，促使某些经验论者如休谟倒向了怀疑论，他怀疑诸如物质等对象的存在，甚至心灵、上帝这些在传统形而上学中占有重要地位的概念也受到怀疑。原因非常简单：人类如果没有对它们的知觉，就不可能获得哪怕是最基本的知识。

由此可见，传统经验论使经验神秘化了：它并没有解释经验是什么，是如何产生的，以及如何与世界相联系。不但如此，它还使问题愈加复杂。它的"论述不是经验性的，而是从经验必须是什么这一前提出发所做出的推论。该前提无法界定，推论则令人更加困惑"①。结果使"它迅速变成了一种逃离世界的方式，一种孤立的智力训练。最终得出的结论就是知识不存在，他们开始研究的世界也不存在"②。为此应该转向经验自身，在此意义上杜威的经验论可以称作一种"激进的经验主义"（Radical Empiricism），这一点可以从他早期的著作《心理学中的反射弧概念》中得到确证。

二　杜威的经验改造

如前所述，传统的经验论是一种二元论，即假定"外在"对象和"内在"心灵是对立的。同时，内在心灵只能通过感官被动地接受刺激，形成所谓观念，而后根据观念有所行动，并且所有这一切都是单向的。

　　我们对感觉、观念和行为的特征，不是根据它们之间的感觉的形式以及功能去解释，就是说，不是从运动是环状这一点出发去解释，而是仍然倾向于按照一种假设去解释，即认为上述三者有着严格的区别。也就是说，感觉刺激是一回事，代表观念的中枢活动是另外一回事，而代表准确行动的行为又是一回事。这使得反射弧概念不是一个综合的或有机的整体，而是一个离散的碎片或与过程无关的机械组合。我们要做的是基于

① John Dewey, "The Need for a Recovery of Philosophy", in Jo Ann Boydston, ed., *The Middle Works*, Vol. 10 (Carbondale and Edwardsville, IL: Southern Illinois University Press, 1980), p. 11.

② 〔美〕塔利斯：《杜威》，彭国华译，中华书局，2002，第44页。

反射弧的概念建立基本心理学的统一单元，将这一原理反作用于心理学的构成因素，并确定其价值。确切点讲，我们需要把感觉刺激、中枢连接和行为反应当作统一、具体的整体（现在被称为反射弧）内部的功能部分，而不是把它们当作分割的、各自完整的实体。①

现以一个被杜威引用的、出自詹姆斯《心理学》的儿童和蜡烛的例子来说明。根据传统心理学理论（在一定程度上也是传统经验论），整个反应与行为被分成三个独立的片段：

1. 烛光映入儿童的眼睛，形成关于烛光的表象；

2. 儿童抓握烛光；

3. 烛光灼烧刺激，引起儿童缩手反应。

以上三个阶段可以独立成段，任何一个阶段离开其他两者也可以独立存在。然而只要稍加考察就会发现，这些反应及行为不像传统经验论宣称的那样，是一系列不相关的感觉活动，而是表现为连续的行为。这名儿童并非首先看到烛光再抓它，接着又缩回手来，而是这些反应与抓握蜡烛这一单一行为得以协调，也就是说，被这一主题整合起来。进一步讲，这些不同的感觉与行为是相互协调、不可拆分的，它们彼此加强、互相协助，每个动作都应该被看作更大的协调的组成部分，而不是一个独立的片段。它们构成了行为的"环"，而不是若干线段。

具体来说，该儿童的手部动作要依赖于视觉行为的引导。离开视觉，手将会不知所措，抓或不抓都无从谈起。"看见"烛光，并不

① John Dewey, "The Reflex Arc Concept in Psychology", in Jo Ann Boydston, ed., *The Early Works*, Vol. 5 (Carbondale and Edwardsville, IL: Southern Illinois University Press, 1972), p. 97.

意味着烛光为大脑提供了图像，而是说，"看"是一个有目的的行为，一个以"抓握"为目的的行为。"这里依然是一个感觉—运动的'环'，但却有更多的内涵和意义，而不仅仅是感觉—刺激。"①

接下来看下一个动作——儿童被灼伤，这是一种感觉—运动的协调和相互作用，而不仅仅是感觉和单向的变动接受。这不是一个独立的片段、一个全新的事件，而是眼睛—手臂—手的协调完成或执行。所有的反应与行为，都被纳入经验的"环"中，只有视觉、热引起的疼痛以及肌肉的感觉进入同一个经验的"环"，儿童才能够从这个经验中获得躲避情境的能力。缺乏任一环节，这种经验就无法形成。儿童目前积累的这一经验，将会在一个更大的经验中得以协调，将来再碰到这种情况时，会根据先前的经验及时躲开。所以严格来说，经验之"环"是开放的，即一个螺旋，这就是经验的"生长性"。

由以上考察可以看出，把感觉刺激和运动反应看成独立存在的不同阶段是有缺陷的。它们处在一个协调的"环"之内，只有从维持和再结构化这个协调来看，它们才有意义。这就好像某人喜欢另一个人的一双手，但如果这双手被砍下来送给他时，他的喜欢就会荡然无存。传统的经验论所主张的，比如所谓烛光提供了图像，不过是一种虚构，"不管它们被指为心理的或物理的，都不是出发点，而只是分析的产物"②。"看见"是一个连续的动作，它既不是单纯的感觉，也不是单纯的动作，而是在特定行为所组成的更大的背景

---

① John Dewey, "The Reflex Arc Concept in Psychology", in Jo Ann Boydston, ed., *The Early Works*, Vol. 5 (Carbondale and Edwardsville, IL: Southern Illinois University Press, 1972), p. 98.

② 〔美〕杜威:《经验与自然》，傅统先译，中国人民大学出版社，2012，第 107 页。

中，在特定的条件下，为一定的目的而产生的。①

　　因此，传统经验论中所谓的"感觉"并不是主要的。经验意味着它"首先是一种行动的事件。有机体绝不会被动待着，像 Micawber 一样等着什么事情发生。……生命体根据自身或是复杂或是简单的机体构造作用于环境。作为结果，环境所产生的变化也作用于这个有机体及其活动"②。也就是说，经验"是人类与环境——物质的与社会的——之间进行的交流"③。相应地，经验包含了主动的一面，也包含了被动的一面：

　　　　从主动的一面说，经验是一种努力（trying），它的意义在与之相关的尝试中澄清；从被动的一面说，它是一种经历（undergoing）。当我们经验到某物时，我们是在对它产生作用，我们是在利用它，随后我们要接受相应的结果。反过来，当我们

---

① 受此启发，我们可以考察哲学史上的一些悖论。其中之一是"阿基里斯跑不过乌龟"。让一只乌龟先于一位短跑健将一段距离，然后两者赛跑。阿基里斯要取得胜利，就必须首先跑过这段距离追上乌龟。当他跑过这段距离时，乌龟又前进了一段距离，为了超过乌龟，他又要跑过这一段距离，而届时乌龟又跑过了一段距离……尽管乌龟移动的一段段距离会越来越小，但很显然，阿基里斯永远也追不上乌龟，因为他要一段一段地跑完他在追乌龟的过程中后者移动的新距离，他每跑完一段距离，乌龟又会移动一段距离。这个悖论的破解之处在于，这位健将如何独立地跑完乌龟超过他的那一小段距离，然后"接着"去跑乌龟在他跑"完"这段距离后又领先他的更小的一段距离。很显然，这种离散的被乌龟"领先"的、可以独立存在的距离只存在于观念之中。诸如"飞鸟不动"等一些命题也与此类似，我们无法从运动的完整过程中分解出一个独立的静止点来。

② John Dewey, "Reconstruction in Philosophy", in Jo Ann Boydston, ed., *The Middle Works*, Vol. 12 (Carbondale and Edwardsville, IL: Southern Illinois University Press, 1982), p. 129.

③ John Dewey, "The Need for a Recovery of Philosophy", in Jo Ann Boydston, ed., *The Middle Works*, Vol. 10 (Carbondale and Edwardsville, IL: Southern Illinois University Press, 1980), p. 6.

利用了某物时，对方也在利用我们，这是一种奇特的结合。经验这两方面的联系可以衡量经验的成果与价值。纯粹的行为并不构成经验，因为它是发散的、非连续的、杂乱的。①

换句话说，经验就是同时进行的行为与经历的统一体。②

在《哲学复兴的需要》一文中，杜威将激进经验主义与传统的经验主义做了比较，以便对这种全新的经验主义有更深刻的理解，兹列出如下几点：

1. 在正统看法中，经验首先是认识事件。但是，如果不以老眼光来看的话，它无疑被定义为生命体与物理及社会环境之间的交流。

2. 在传统看法中，经验是（至少首先是）一种精神性的东西，它影响着整个"主体性"。经验自身却意味着一个真实的客观世界，它进入人们的行为与遭遇并在后者的回应中经历各种变化。

3. 被既有学说认可的任何东西只要超越贫乏的当下，过去就将考虑在内。记录所发生的以及参照过往都是经验的本质。经验主义被设想为与过去曾经所是的东西联系在一起，或者被认为是"所与的"（gived）。但经验的根本形式却是实验的

---

① John Dewey, "Democracy and Education", in Jo Ann Boydston, ed., *The Middle Works*, Vol. 9 (Carbondale and Edwardsville, IL: Southern Illinois University Press, 1980), p. 146.

② John Dewey, "The Need for a Recovery of Philosophy", in Jo Ann Boydston, ed., *The Middle Works*, Vol. 10 (Carbondale and Edwardsville, IL: Southern Illinois University Press, 1980), p. 9.

（experimental），是一种改变所与的努力；它以探询未知领域为特征，与未来的联结是其最重要之特征。

4. 传统经验论信奉特殊论，联系与连续被认为只是一种不确定其有效性的副产品，和经验毫不相干。对环境的承受及在新方向上努力获得控制权为目的经验，却孕育着联系。

5. 传统经验中，经验与思想是对立的。只要推论不是对过去所与的重现，它就在经验之外；因此它要么无效，要么只是一种针对绝望的措施，我们在其中通过把经验作为跳板，到达一个稳定的世界或是其他自我中去。但是，一旦摆脱了旧有概念的束缚，经验则充满了推论。很显然，不存在没有推论的有意识经验，反思是自然的和永恒的。[①]

三　经验即生活

一旦摆脱了传统经验论那种二元论的桎梏，转而采取一种相互作用的经验观念，那就意味着：

"经验"是一个詹姆士所谓具有两套意义的字眼。好像它的同类语"生活"和"历史"一样，它不仅包括人们做些什么和遭遇些什么、爱些什么、相信和坚持些什么，而且包括人们是怎样活动和怎样受到反响的，他们怎样操作和遭遇，他们怎样渴望和享受，以及他们观看、信仰和想象的方式——简言之，

---

① John Dewey, "The Need for a Recovery of Philosophy", in Jo Ann Boydston, ed., *The Middle Works*, Vol. 10 (Carbondale and Edwardsville, IL: Southern Illinois University Press, 1980), p. 6.

能经验的过程。……它之所以是具有"两套意义"的，是因为它在其基本的统一之中不承认在动作与材料、主观与客观之间有何区别，但认为在一个不可分析的整体中包括着它们两个方面。①

由此可以看出，经验与自然是同一个概念，与生活和历史也是同一个概念。杜威的经验概念有着非常丰富的内涵："好像它的同类语'生活'和'历史'一样，它不仅包括人们做些什么和遭遇些什么、爱些什么、相信和坚持些什么，而且包括人们是怎样活动和怎样受到反响的，他们怎样操作和遭遇，他们怎样渴望和享受，以及他们观看、信仰和想象的方式——简言之，能经验的过程。"②

杜威进一步认为，经验不是把自然和人隔绝开来的屏障，而是不断地深入挖掘自然的有效之途。经验与自然是同一的，自然就是经验的自然。通过弥合传统哲学在经验与自然之间的割裂，杜威极大地拓展了经验概念，把经验与生活和历史紧密联系起来，使其内涵变得更加丰富："经验指开垦过的土地，种下的种子，收获的成果以及日夜、春秋、干湿、冷热等等变化，这些为人们所观察、畏惧、渴望的东西；它也指这个种植和收割、工作和欣快、希望、畏惧、计划、求助于魔术或化学、垂头丧气或欢欣鼓舞的人。"③ 因而经验也内在的就是生命活动的历程。"经验，无论它以什么样的方式考察，都必须符合这样的思路：经验本身就是生命活动，生命活动的开展置身于一种环境性的中介，而且自身就是一种中介，它并不处

---

① 〔美〕杜威：《经验与自然》，傅统先译，中国人民大学出版社，2012，第9页。
② 〔美〕杜威：《经验与自然》，傅统先译，中国人民大学出版社，2012，第9页。
③ 〔美〕杜威：《经验与自然》，傅统先译，中国人民大学出版社，2012，第9页。

于一个空的容器之中。经验存在的地方就是生命存在的地方；反过来，生命存在的地方也是它和环境之间进行双重联系的地方。"①

由此可见，杜威所谓的经验是一个极具包容性、内涵极为丰富的概念，它将自然、生活、历史、生命等内容有机地统一在一起（使其在杜威的话语里也成为同义语），提升了经验的境界。对杜威而言，经验不再像洛克和休谟那样仅仅被看作通过感官被动地获得关于自然事物的一些模糊且主观的感觉印象，而是关于事物的关系性存在，是有机体与周围环境相互作用的过程。也就是说，它不是人们通过感觉器官消极被动地获得感性印象的方法，而是一个思维的、探究的、积极主动地与生活环境相互作用的行动过程。这样的经验如同生活一样，是一种包罗万象的活动，把有机体和环境都包括在内。"经验变成了主要是行动（doing）的事情。"② "实验主义"（pragmatism）一词源于希腊文 pragma，意思是行为、行动，虽然杜威冠以实验主义（experimentalism）之名，但其基本含义仍未改变。杜威在中国的演讲中指出："我闻中国古代有'知之非艰，行之维艰'的话。实验的方法却与之相反。这里只有行然后可以知，没有行动便没有真的知识。有了行动，然后可以发现新的光明，有条理的事实，以及从前未发挥的知识。故曰：没有行，决不能有真的知。"③ 行动必然意味着方法和手段，这就牵扯到杜威的方法论——经验的方法及工具主义学说。

_____

① John J. Stuhr, *Classical American Philosophy*（New York：Oxford University Press，1987），p. 339.
② 〔美〕杜威：《哲学的改造》，许崇清译，商务印书馆，2004，第55页。
③ 《杜威五大讲演》，胡适译，安徽教育出版社，2005，第82页。

第二节 "工具主义"学说

一 工具概念及"实验的方法"

在杜威的视野里，传统哲学肇始于古希腊的二元论。这种哲学孕育于惊奇，产生于安闲，着眼于圆满的静观。在其看来，圆满、自足或有后果的对象与工具性的、从事操作的对象之间是有严格区分的。具体说来，后者固然是必要的，但却是欠缺、匮乏、不完满的，甚至是"非存在的"（non-being）。事物之所以具有工具性，是因为它们还没有存在，或者说只是变化中的存在，从其自身来讲，并不是所谓"真实"的东西。这样，自然本身便分为两类，一类是有缺陷的、变化的；另一类是内在完善的、永恒的以及自足的。这种模式也被运用到社会生活之中，两种截然不同的存在映射出两种基本人群，即社会划分为一个劳动阶级和一个有闲阶级，区分为工业和美感静观。这种划分形成的"仅仅是手段的事物和作为终结（目的）的事物。手段是卑贱的、仆从的、有奴性的，而终结（目的）则是自由的和最后的。作为手段的事物就证明有缺陷、有依赖性的，同时终结（目的）则证明是一种独立的和内在自足的存在……因此，把知识和美感的静观等同起来，而把尝试、工作、对事物的操纵和管理都排除在外，就构成了一个完全的循环"①。

然而，通过考察可以发现，正是从事后者、被杜威称为"艺术家"的人们的创造为唯心主义哲学家提供了真实对象在经验中的模型。"农民、航海者、建筑工人观察和进行工作程序时积累的结果，

---

① 〔美〕杜威：《经验与自然》，傅统先译，中国人民大学出版社，2012，第93页。

提供了有关自然事情事实资料，而且也供给了在逻辑上和在形而上学上变化和从属于直接所占有和所享受的满足结果的一种规范。"①哲学家一方面鄙视劳动阶级，一方面又利用他们的方法和成果完善自己的形式和实质。离开了手段性的操作与积累，所谓终极（目的）就是孤悬着的和空洞无物的。思想家们无论对自然事物的观察与把握如何坚实有力，归根结底，知识的内容都是约束在情境和功用之中的，在时间和空间中是都是局限于局部范围与具体事情之内的。

所以，具有工具性的"艺术"② 可以对自然、特定的对象起到控制与保证的作用，这些对象具有使人满足的作用。科学就是由这种艺术演变而来的，如物理学产生于手艺和医疗、航海、战争的技艺、木工、铁工、皮革工、亚麻和羊毛工等，心理学产生于政治管理的艺术，几何产生于早期人们丈量土地的需要，重量的测量起源于商业交易和制作。这样的例子不胜枚举。理智的态度就是科学探究的态度，它使人们努力去控制人和事物，使其产生的结果、收获和成绩更加稳定和可靠。当人们使用工具去控制事物的发展进程，使产生的后果符合人们的期望时，这些工具性手段就有了中介的性质，其意义就在于事情会如何，而不是它本身是什么。科学不是对实在所具有的最后的、自足的形式的描述，而是旨在产生某种预期结果和达到特定目的的一个工具、一种假设，它的有效性在于能够产生什么，而不是和什么相符合。"物理科学并未曾建立另外一个对立的存在领域，它只是揭示了直接的和最后的性质发生时所必须依赖的那种状态和条理。它使得终结不仅是一种偶然为我们所占有的东西，而且使我们有一种调节它们产生的时间、地点和方法的

---

① 〔美〕杜威：《经验与自然》，傅统先译，中国人民大学出版社，2012，第93~94页。
② 杜威将"艺术"和"技艺"看作同一个词——art。

能力。……对任何事物的直觉和使用使得我们能够控制后果或达到终结的性质……在审慎地制订计划和执行计划的前提下，如果我们没有发现我们所业已发觉的东西，我们就应该去寻找其他的东西。"①

由此，杜威把科学方法推广到社会和人生事务中去，并称此为实验主义或工具主义。也就是说，"哲学的现状的另一方面也值得注意。……它肯定哲学的目标和任务跟古代哲学的所谓追求智慧的任务是完全相同的；所谓追求智慧，即是追求那些能指导我们集体活动的目标和价值。它认为进行这种追求的手段不是掌握永恒的和普遍的实在，而是应用科学方法和最好的科学知识之结论。它主张关于这种应用上的现存的种种限制应予以废除。其方法是把那应用在物理和生物现象上的科学的验证知识的方法，推广应用到社会的和人生的事务上去。这种运动，在其各种情况下常被称为实验主义或工具主义"②。

也就是说，工具主义意味着实验主义使用的方法是一种"实验的方法"，它并无威权可以利用，而是具备可重复性、可错性、公开性以及客观性。它把观念、假设、理想都当作灵活的工具，可以采取不拘一格的观念与行动，只要能够达到预期效果，就不必符合一个先在的、实有的知识领域。观念、方法及理想可以在一段时间"透支"，但根据结果，它们终究或是"兑现（实现预期效果）"，或是"破产（没有达到所欲目标）"，工具的价值与地位在于它所造成的结果，而不是依赖于确定的前件。

威廉·詹姆斯借用 Giovanni Papini 的比喻，将这种方法比作旅馆的走廊，走廊上有许多房间，房客则拥有不同的观念、信仰、行

---

① 〔美〕杜威：《经验与自然》，傅统先译，中国人民大学出版社，2012，第 102 页。
② 〔美〕杜威：《人的问题》，傅统先、邱椿译，江苏教育出版社，2006，第 8 页。

为、习惯以及文化与宗教背景——信教者与不信教者、一神论者与多神论者、科学家与哲学家、僧侣、牧师、浸信会教徒、穆斯林、儒家人士乃至无神论者，他们各不相同，但总可以通过不断地尝试、纠错和协调而找到自己的房间。各种学派、各种人士只要不是先入为主和固执己见，那么通过协调和融通，总会各得其所。

但是，也有一些人，比如独裁者和原教旨主义者，则不在实验主义旅馆里。对于独裁者来说，保持自己的绝对地位是压倒一切的大事，而任何不同的声音、信息、兴趣、独立的人格和自主的探究都会影响这种绝对地位，它们会被消除和打压殆尽，取而代之的是洗脑式的宣传、高压下的控制以及有意识地在社会成员中制造隔阂、孤立甚至仇恨；原教旨主义者也是一样，在他们那里，至高无上的是神圣启示和僵死的教条，实验与探究的大门是关闭的，理智的方法被排除在外，能依靠的只有精神的、物理的和政治的力量。

当人们在探究中采用了已经变得更为紧密的技术用具时，当透镜、垂摆、磁针、杠杆被利用来作为认知事物的工具时，以及当人们把它们的功能当作是解释物理现象时所应遵循的典范时，科学便不再是对于高贵和理想的对象的欣赏静观，而从从属于美感的完美状况之下解脱出来，变成一个在智慧管理之下有时间和有历史的事件了。终结在后果中不再受物理的偶然事情和社会的传统习俗决定了……从固定的终结（目的）的体系中解放出来才使得现代科学成为可能。①

———————————

① 〔美〕杜威：《经验与自然》，傅统先译，中国人民大学出版社，2012，第112页。

　　由此可以看出古代科学和现代科学的区别：前者的精蕴是为了证明一个既定的、实有的和不变的领域，并把永久的、普遍的、最后的和固定的本性揭露出来，它所追求的是终极实在；而后者的生命根源是发明，是为了改变、创造，与之联系的是不可预知的未来，更加重视特定和具体的过程。已知的东西不是为了证明自身，而是要服从于使用而且依赖于使它成为可能的那些发现。它必须适应这些发现。工具主义的要义在于由之产生的后果，正是后果而不是先在的东西揭示了它的意义和真实性。产生的后果又进一步揭示出更多的可能性，使得"怀疑—探究—发现"这一模式不断推进。现代科学关心的不是抽象和普遍的原理，而是具体和偶然的事情，是情境中不断出现的问题，它首先要提出假设——而不是依赖必然的和固定的对象并持续下去，然后在现实的物理条件的实验变化中进行尝试，最后在结果（"兑现"或"破产"）中显现出工具的意义、有效性和真实性。

　　按照古典哲学，意见是关于偶然和变异的东西，反映的是可能性和盖然性；知识却是关于内在必然和永恒不变的东西，它"在其本身适用的范围内"①，是最后的和无可置疑的。但是，就是这样一种粗糙的、原始的、不确定的和冒险性的意见，为新的观察提供了机会、给予新的研究以刺激，成了审慎发现的一个不可或缺的工具。意见是新经验的源泉、新的操作活动的开端，指引着探究的方向，并在这个过程中被不断地调试、磨合、转移和改变着。

　　而把知识和实在等同起来、把真理和实在等同起来的做法，势必会绝对地和笼统地而不是相对地和具体地对待思想的功能。"它把

————————————

① 〔美〕杜威：《经验与自然》，傅统先译，中国人民大学出版社，2012，第115页。

重新组织当作是组织；把重建当作是创建。"① 这样一来，这些学派就看不见思想其实是某些经验对象和其他经验对象之间的中介，所以变化着的职能就变成了寻找原始的或是创造的行动。简言之，这不是中介的而是两端的。中介意味着"把现实的直接对象转变为较好的，转变为较安全的而有重要意义的中介"②。转变意味着行动，只有行动，才能改变或改造对象。思想、理性、智慧应该体现在新的外现之中，作为影响其他事物的手段，它们更多的是一个形容词或是副词，而不是一个名词。只是它们在实现预期目标之后被证明是有效和真实的，一些条理和关系就被确定下来，成了一种智慧的手段，使我们能够利用事物。将其看作名词，是因为它们可以被当作指导事物发展进程的具体手段，从而可以预见结论，或者能够作为一种储备。

由此，知识或真理的意义如下：

变化的过程是在这样的指导之下，以致它们达到了一个所希望的圆满的终结。有工具性的东西只有在使用中实际上才是这样的，当这些有工具性的东西在发生作用时，一个在预见中的终结便正在实现的过程之中。手段只有在它的终结（目的）中才能成为一个十足的手段。有工具性的科学对象，只有当它们指导着自然的变化倾向于可以得到一个可以预期的圆满的结果的对象时才完全成为具有工具性的对象。因此，说科学的终结（目的）是知识，意思是说知识不仅是科学更是它的成果，

---

① 〔美〕杜威：《经验与自然》，傅统先译，中国人民大学出版社，2012，第117页。
② 〔美〕杜威：《经验与自然》，傅统先译，中国人民大学出版社，2012，第117页。

这句话是可理解的而不是一个同义语反复。①

这种知识观和历史上极力主张认识的主观主义不同，后者经常强调改变我们的心灵，却往往忽视了改变我们生活在其中的这个世界。它轻视行动，认为行动是短暂和低下的。相反，实验主义注重的是改变自然和社会对象，以及实际经验到的善。当然，实验主义并不是一味地反对改变主观性向，而只是强调改变自我是一种手段，是为了通过改变行动来改变客观条件，我们的主观意识应该结合现状和目的适时地进行调整。这种改变会把人们的注意力从主观转移到客观方面，人们会把自己当作活动者而不是目的，目的要在经验中享受转变着的活动果实时才能见到。这种方式也可以使我们掌握经验对象发生的条件，从而提供一种起调节作用的工具，一种指导进一步行动的工具。

我们也会把标准、原则、规范以及关于善的一切信条、信念等都当作假设，无条件地遵守某个法则、原则、标准，但这不是一种美德。道德法则也是这样，不是都应该被坚守，而应该考察实施以后产生的结果，通过结果来验证其正确性和恰当性。它的权威要看我们所处的情境是不是不可避免，而不是依赖于自身的本性。以后果为验证的标准，并不会无章可循，相反它使得我们获得了经常性的发展，因为新的行为出现时，总会有新的结果产生，也就有了发展和改进的可能。

通过结果寻求善的做法和工具主义是一致的。长期以来，在目的与手段之间，人们总是偏爱前者，并似乎总是把后者和卑下联系

---

① 〔美〕杜威：《经验与自然》，傅统先译，中国人民大学出版社，2012，第119页。

在一起。由此，手段被当作一些不好的关系保留下来，而不是内在地受到重视。"距离产生美"似乎非常适用于目的（说得好听一点儿叫"理想"）。由于理想是如此华美与高贵，似乎实现它就是对它的玷污。它的作用不是激励和指导人们，而是模模糊糊地引起"愿望"。如同在一个等级社会里，上层人物不是服务于民众，而是有意识地和后者保持一定的距离。如果他或她较为接地气，那么其高贵性就会丧失，上层社会之所以是上层社会，很大程度上在于它的高不可攀和让普通民众感到艳羡。

然而，不重视手段也就意味着没有严肃地对待目的，这就好比一个人声称他痴迷于绘画，却讨厌画布、颜料和画笔；或者一个人醉心于音乐，但他面前的乐器发出的声音却让他感到心烦。一个技艺高超的工匠是以爱惜工具、热心于改善技术而立身扬名的。古典哲学有不少诸如"人是目的"的论断，看似高大上实则不负责任，甚至是一种病态，因为脱离了手段，目的不过是空中楼阁，不但不能实现，反而有害于自身。

杜威进一步把他的工具性思维具体化为五个步骤：困惑情境、问题界定、方案假设、推敲筛选、行动检验。从这里可以看出，杜威的经验即经验法不是通过感觉器官获得感性印象的方法，而是一个思维的、探究的、与生活环境相互作用的行动过程。这个过程需要不断地尝试与实验，以及各种探讨与创新。人类社会长期以来一直有一种根深蒂固的行为倾向，那就是惯于依据过去的习俗和权威，最有影响的当数那种认为我们一度有过神灵启示或曾经有一种完美生活的想法。"依靠先例、依靠过去，特别是法律上所创造的制度、依靠由于未经检验的习俗所传递给我们的道德规范、依靠未经批判过的传统等等都是其他形式的依赖权威。……现在所需要的是要用智慧去检验历代继承下来的制度和习俗实际上所产生的后果，以便用智慧去考虑：为了产生不同后果，人们应该采取怎样的方法来有意地改变过去由制度与习俗所产生的后果。"①

当把实验的方法从自然转移到社会领域，意味着在道德、政治和经济事务中我们可以不必依赖于所谓的客观标准与权威，而是用新的观念与知识去指导行动。这不是杂乱无章的盲动，而是通过有意识、有保障地使用实验的方法，来有效地处理社会事务、维护社会利益。这也是为什么杜威的经验和经验方法是一种民主主义方法的原因，因为专制社会排斥人们的问题意识和批判意识，阻碍了人与人之间的自由探究与平等交流。"而一个灵活开放的民主社会则是以一种具有开阔胸襟的经验主义来展现其自由追求的。"②

这里所说的"有保障""有效"，就是依赖后果，而不是我们所熟悉的和传统上珍视的价值。实验主义的道德必须最紧密地依靠科学结论，因为正是科学使我们能够将前因与后果联系起来。

二　观念的工具性

通过以上考察，我们可以初步理解杜威的知识工具性观念。在他看来，任何知识都是陈述，它不是为了证明有一个不变实有的领域，而是作为人们最便利、最广泛和最为稳妥地转换各种推论的手段。③ 很多数学家认为他们所持有的概念是非现实存在的，是类似于

---

① 〔美〕杜威：《确定性的寻求》，傅统先译，上海人民出版社，2004，第 275 ~ 276 页。

② John Dewey, "Germany Philosophy and Politics", in Jo Ann Boydston, ed., *The Middle Works*, Vol. 8 (Carbondale and Edwardsville, IL: Southern Illinois University Press, 1979), pp. 159 - 160.

③ 有鉴于此，杜威的认知理论通常不使用名词性的"知识"（knowledge）一词，而是以形容词性的"理智的"（intellectual）代之。

柏拉图的那种与自然毫无关系的本质领域，比如我们离开具体事物也能独立地探究几何图形、数目乃至多维空间，但是从操作的角度讲，知识的出现却是为了使正在发生的事情有一个预见中的结局（an end in view），也就是假定结果。这些假定是借助观念进行的实验，这样人类就不会被实际或存在的后果所累。"这些存在便要求思维在它们的进程中去指导它们，使它们成为有条理的和美好的东西……知识为达到这样新的安排而提供了唯一的手段。……认识的问题就是发明如何从事于这种重新安排的方法的问题。"① 因此，假设是一种可能的操作，使具体行为安全、经济、有效，其意义在于涉及具体情境的操作。

在历史上，即使是经验主义者，也把数学与逻辑看作先天的必然真理，但他们没有把这些数学观念及其展开的行动联系起来，而是从感觉印象中，或根据事物的特性所抽象出来的东西去追寻数学观念的根源。然而，传统经验论者无法确证内在感觉是外部对象的表象，也不能确定对象的因果关系，从而导致怀疑论的出现。实验主义就没有这种羁绊，因为它并未把数学与逻辑看作事物的本质或特性，而是将之视为进行潜在操作的工具，其真理性不是通过是否符合事物的本质与特性，而是通过是否达到目的来判定，数学观念本身并不存在所谓的本质与特性。例如虚数是和逻辑相矛盾的（负数是不能出现平方根的），但它是某些运算的有效手段，于是便有了工具上的价值。

随着作为可能性的操作观念的出现与使用，日益明确与广泛的操作也成为可能。"当我们不把数字当作是存在事物的本质或特性而

---

① 〔美〕杜威:《确定性的寻求》，傅统先译，上海人民出版社，2004，第299页。

把它们视为进行潜在操作的标记时，伴随着数字的逻辑所发现的困难和悖论就会消失无遗。数学上的空间并不是不同于所谓物理空间和经验空间的另一类空间而只是赋予一类操作的一个名称，这类操作在理想上或在形式上可能用以处理具有空间性质的事物：它并不是'实有'的一种形态，而只是一种思考事物的方式，通过这种思考方式，可以使这些事物之间的联系从经验上的固定状态中解放出来并有可能求得它们彼此含义之间的关系。……任何观念本身都是指我们可以从事的一种操作而言，而不是一种实际存在中的事物。"①

因此，"观念不是相应于实有之先验的最后特性的心灵所具有的先天特性；它们也不是笼统地和一劳永逸地附加在感觉上的一种先在于经验而使得经验成为可能的先验范畴。观念的主动力量是实在的，但是观念和唯心主义必须在具体经验的情境中才具有操作上的力量"②。观念是假设性和实验性的，是和实际经验的需要相联系的，而不是抽象理性的和具有决定性的；它不能决定对象的性质，而是为了将有问题的情境，也就是生活中的困惑、困难、危险等转化为确定的情境，即让问题得到解决。认知的任务就是使当前的世界变为我们需要的世界，"把紊乱不定的情境转变成为更加在控制之下和更加有意义的情境"③。

因此，杜威强调：我们不需要把知识看作把握实在的另一个领域，真正实在的是我们所经验的这个世界。但是这个世界一开始并不是我们所要的世界，也不是我们所理解的世界，不是融贯而可靠的。我们需要通过一定的中介达到理想的世界，使它更加安全可靠，

---

① 〔美〕杜威：《确定性的寻求》，傅统先译，上海人民出版社，2004，第158～159页。

② 〔美〕杜威：《确定性的寻求》，傅统先译，上海人民出版社，2004，第144页。

③ 〔美〕杜威：《确定性的寻求》，傅统先译，上海人民出版社，2004，第298页。

而知识与观念就是这样的中介，它是假设的和工具性质的，是由比较偶然的经验达到比较确定的经验的桥梁。认知标志着，通过对观念的操作，实在发生了变化。对象还是对象，只不过是一个经过有意识和有目的地编排和处理过的对象。经过改造的对象，就像一个人的脾气经过一番磨炼之后既是同一个人也是不同的人一样。而观念也在对象改造的实际后果中得到检验，从而确定它是否该得到实在的地位。

　　和康德对比就可以发现，观念对实在有一种决定性，但实质上，它们是相反的。康德的知觉和概念的形式都不是假设性质的和有条件的，而是唯我独尊的和成功的，不需要用后果来区别和验证，它们自己就是法则。康德确立这些概念形式的理由是为了保证获得普遍性和必然性，而不是为了获得假设和盖然性。他的机制是幕后的，只有结果可以观察到，而且只有一个严密推理的过程使他可以断言有一套形式和范畴存在，他的"机构中没有任何外表的、可以观察到的或有时间性或历史性的东西"①。杜威则强调，并不存在确定的、寓于对象自身的"规律"，有的只是相互作用过程中产生的较高概率。因此，"靠纯心理的方法在认识上去寻求绝对的确定性的办法业已被废弃了，代之而起的是靠主动调节条件的办法来寻求具有高度概率的安全性。……明确的步骤用以调节变化，获得安全而不是从不可变化的东西中去求得绝对的确定性。……也把判断的标准从依据前件转变为依据后果，从无生气地依赖过去转变为有意识地创造未来"②。

　　观念的这种特质，使其经过实践上的运用获得了成功，并由此

---

① 〔美〕杜威：《确定性的寻求》，傅统先译，上海人民出版社，2004，第 292 页。

② 〔美〕杜威：《确定性的寻求》，傅统先译，上海人民出版社，2004，第 292～293 页。

稳定和沉积下来，发展成系统和自成一格的东西，有了进一步在实践中运用和指导实践的价值。它使共同体内的成员有了相同的思维方式、价值取向和目标，使团结协作成为可能，这就是主义。主义和问题是统一的：脱离问题的主义是空洞的，不借助主义的问题是盲目的。主义是问题的主义，是针对问题而产生的一种有效手段，是一个中介，为了使问题得到解决，目的得以实现；而问题也需要主义，它将主义看作可以依靠的工具和指南，看作面对问题时的一种态度，它彰显出一种力量和信心。当两者结合在一起的时候，问题将得到解决，状况将得到改善，而主义也将在解决问题的过程中使自身的价值得以确立、意义得到丰富。

最后，当我们以知识与观念考察杜威的工具主义学说时就会发现，对于任何存在，杜威关注的不是它们是什么（what），而是它们是怎样的（how），能够产生什么样的结果。① "很多事情的意义体现为它被看作一种工具，为的是达到某种目的；或者说，某物之所以有意义，正是因为它被视为一个中介，从而使其他意义产生，由此它确立了自己的意义。"② 任何事物，只有当它可以带来预期后果，可以达到我们预想的目的时，它才有存在的价值。追求一个实有且自存和完善的知识领域，不但不可能，而且无益。在认识领域这样，在自然和社会领域也是这样。毕竟，我们是存在于这个不完善但也意味着改变与创造的自然及社会中的。工具主义不仅仅是实验主义认识论的要义，更是社会探究的要义，重要的是把社会生活看作一个过程，依据人们可采用的手段，理智地改造社会生活。

---

① 用中国哲学术语来说就是：杜威的着重点在"用"而不在"体"。

② John Dewey，"Exist and Meaning"，in Jo Ann Boydston，ed.，*The Later Works*，Vol. 3（Carbondale and Edwardsville，IL: Southern Illinois University Press，1984），p. 86.

第三节　沟通与意义

综上所述，杜威的经验论以一种关系的思想取代了传统形而上学的实体学说，强调事物之间的相互作用方式。也就是说，事物之间存在相互联系、相互影响，这就是沟通：

> 在所有事件中，沟通是最奇特的了。事情能够从外部推推操操的样子进入向人显示自身的境地，也就是呈现自身。而且，交往的成果必须是参与、分享，仿佛神圣仪式中脱胎换骨的奇迹出现。当沟通发生的时候，所有自然的事件都要重新考虑与修正，无论它是公共性的对话，还是被称作"思想"的准备性的对话。事件转变成了对象，事物具有了意义。[①]

交往的两个对象，即使在空间与时间上相隔很远，也可以通过媒介建立联系，使双方都具有意义。事物先是在思想中被自由、方便和经济地联结和重新编排，而思想内部由实验到思想的结果，又可以应用于实际情境中事物之间的交互作用。在有交往的地方，事物就有了意义，也有了代表、代理、记号以及含义，这些相比事物最初的混乱状态，可以更加方便地服从人类的管理，使之更加稳定、持久以及实用。

这样，事物的质就不再是属于物自体的东西，而变成了能够探讨、思索及在理想或逻辑上加以阐发的东西，使我们能够说出它们

---

① John Dewey, "Experience and Nature", in Jo Ann Boydston, ed. , *The Later Works*, Vol. 1 (Carbondale and Edwardsville, IL: Southern Illinois University Press, 1981), p. 132.

是什么以及是怎样的，学习与教诲成为可能，事物也能够被理想化。基于这种转变，意义可以被认为是超越于时空的，不受实际变化与非秩序的影响，能够成为方便取用的储备。而思维就是对意义的占有，正因如此，思维才被看作一种非自然的精神力量而与一切经验的东西毫无关联。但是，通过一种桥梁，却可以把存在与本质联系起来，这就是语言。语言，亦即说话，使哑巴动物变成了有思维和有知识的动物，也就是人开启了意义这一领域，随之而来的才是宗教、技艺与科学、工业、政治等。在前文中我们谈到知识、观念是作为一种工具出现的，而它们又通过将语言作为工具才有了自身的价值与意义。具体来说，凡是工具和中介，总是与指导、提示及记录相联系的；而后者之所以成为可能，是由于有了语言。因此，"语言是工具的工具"①，语言使人与动物有了区别。

当语言具有意义上的价值时，它就能够和心灵等同起来。这意味着我们首先可以通过语言进行组织，从而发现内心的经验，这个纯粹个人的领域，处于个人的掌握之中，可以完全个人地寻找避难所、追求安慰和刺激。这个发现是伟大的，能使人类获得解放，意味着个体拥有心灵（individual mind）而不是具有心灵的个人（individuals with minds）。在古典哲学中，语言是实有、客观和公共的。但当语言作为一种工具时，与之对应的意义系统就是心灵，应该被看作"从事于领会、设计和信仰时所具有的一种形式上的才能"②，应该被理解为一个动词而不是名词。③ 这种见解便带来了发挥个人才

---

① John Dewey, "Experience and Nature", in Jo Ann Boydston, ed., *The Later Works*, Vol. 1 (Carbondale and Edwardsville, IL: Southern Illinois University Press, 1981), p. 134.

② 〔美〕杜威：《经验与自然》，傅统先译，中国人民大学出版社，2012，第 160 页。

③ 陈亚军：《杜威心灵哲学的意义和效应》，《复旦学报》（社会科学版）2006 年第 1 期。

能和促进个人发明的机会，表明人不仅是自然的附属物，还是有自主能力的、可以对自然有所贡献的，是和现代科学的特点相一致的。它意味着未来是不确定的，但也是充满希望的，是与现代的政治、艺术、宗教和工业活动的特点相匹配的，在这些领域，个体有发挥自己潜力的机会。相反，古代的经验体系则是把个体严格限制在一定的框架之内，服从于它的结构和模式。上智与下愚不移使古代的经验活动被排除在时间和历史之外，个体找不到任何展现变化的机会，相反僵化与歪曲却找到了自己生存的土壤。

个体使用语言并不仅仅局限于自身之内，其结果能够反作用于其他事物，无论是自然事物还是人文现象，都能够相应地获得其含义和意义，并产生出新的特性和活动方式。语言就如同钱币一样，例如金银，它们不仅是具有价值的物品，还是体现着各种关系的替代品、代表物和代理者。作为一种媒介与价值的代表物，货币不仅使交换得以更加便利地进行，还引起了生产与消费的变革：通过货币，新的交往得以产生，新的历史和事件得以形成，生产和消费产生了新的媒介和关联，并因此有了新的特性。

同样，语言也绝不仅是沟通的中介，还有着内在的扩张特性，并因此有了附加意义，使得声音、姿态和标记朝着更为深远的层次扩张与发展。自然的事情变成了可以为人们享受、管理、支配的事物。

由此类推，人类也展现了这一特质。个体既有直接的独特性，也有联系、关系的性质，是和其他事物交互作用的。个体是孤独的、单个的，也是和其他个体联系在一起的，正是基于这种特性，社会的形成才是可能的，也是必然的。社会意味着个体之间的相互关系，而不是与之对立的实体，在社会的结合中，共同的利益而不是普遍的冲突，才是社会的突出特征，实体社会观正是误用社会这一概念的结果。"因此，个人结合在一起，这并不是一件新鲜的和前所未有的事实，它是存在所具有的一种普遍情况的显现。……事物的集合，由于把以前封闭着的精力解放出来，赋予了这种结合及其组成部分以新的特性，在这个事实中也没有什么新鲜和前所未有的东西。重要的意义在于有机的人类集合把顺序和同时存在的东西转变成为共同的参与了。"① 即使是两种不同的行为也有着共同的事物，它们会期望达到一个共同的后果，并存在一种互相参照，之所以进行参照，是因为人们参与了共同的事件。

杜威以一个例子说明了这一点：甲指着一朵花让乙拿给他，在这个过程中，通过甲的语言，乙的耳朵、眼睛、手臂、腿都被调动起来以实现"把花拿给甲"这个最终目的。原本两个独立的个体，通过语言（包括身体语言），能够建立一种非常融洽的协调关系。② 而甲乙两人如果分属不同的语言系统，这种协调就无法实现，比如甲人对着乙狗说话，后者只能是无动于衷。

所以，沟通意味着由许多伙伴参加的活动所达成的协作成为可能，活动中每一个参加者的行为都受到调节并发生变化。没有沟通就意味着目的不一致，目的不一致就会使行为相左。协同合作是对伙伴动作的反应，即对进入别人行为中的事物的即时反应，这个反应影响双方，动作和事物成了可以理解的东西，具有参与这种活动的能力便是智慧。"智慧和意义就是人类交相作用时所采取的这种特殊形式所产生的自然后果。……意义乃是由于事物具有能使分享的合作成为可能和产生结果时这些事物所获得的含义。……有意义的事物乃是实际上跟具有共享的或社会的目的和行动的情境相联系的

① 〔美〕杜威：《经验与自然》，傅统先译，中国人民大学出版社，2012，第 129~130 页。
② 〔美〕杜威：《经验与自然》，傅统先译，中国人民大学出版社，2012，第 132 页。

事物。"① 所谓意义就是它所含有的东西，也就是在适宜的条件下事物圆满达成的结果。

语言的意义在于，它是至少在两个人之间交互作用的一种方式，包括一个言者、一个听者，他们属于组织起来的一个群体，并且在这个群体中形成了语言习惯，所以语言是一种关系，而不是特殊的事物。"当我们把意义说成是言者所具有的属性，而把它当作是他的意旨时，我们就把共同执行这个意旨的另一个人以及这个意旨所由实现的、独立于有关的人以外的那些东西都视为理所当然。人和事物必须同样成为在一个共享的后果中的手段。这种共同的参与就是意义。"② 沟通的意义就是一种可能的交互作用，以及它所产生的实现了的结果。

最后，沟通既具有终极性，又有工具意义。它是建立合作的必要手段，使检验成为分享的经验，这是人类最突出的优点。沟通的工具性使我们可以从沉重的压力中解脱出来，从而生活在一个有意义的世界中。在这个意义上，沟通是可以被理想化的；它之所以是终极的，是因为它带来了珍贵和有价值的事物，能够为整个社会所分享。由于这种分享，意义的层次也被提升了。缺乏终极性的工具性是粗俗和平常的，缺乏工具性的终极性是堕落的。沟通是使生活具有多元意义的唯一手段，正是凭借这种手段，人类才从孤立的状态进入一种富有意义的交流之中，并使文明成果能够被传承与发展。"当沟通的工具性和终极性的概念共同在经验中活动着的时候，便有了智慧，而智慧乃是共同生活的方法和结果，而且也就有了社会，而社会则是具有指导爱慕、景仰和忠诚的价值的。"③

---

① 〔美〕杜威：《经验与自然》，傅统先译，中国人民大学出版社，2012，第133~134页。

② 〔美〕杜威：《经验与自然》，傅统先译，中国人民大学出版社，2012，第137页。

③ 〔美〕杜威：《经验与自然》，傅统先译，中国人民大学出版社，2012，第151~152页。

第二章　新社会观

> 人不作为社会动物就不能生存……人的社会性不是像某些昆虫那样的天性。[①]
>
> ——汤因比

杜威是强调哲学在人类文明进程中起重要作用的现代哲学家，他的激进经验主义最重要的作用就是将其运用于社会生活领域的探究。"杜威把哲学的重心从那些老问题转移到当前人的问题上，从而赋予哲学一种建设新社会的使命；杜威哲学从来没有忘却社会的、道德的领域。"[②] 对他来说，哲学就是对生活实践不断进行改造的工具。他所参与的大量的社会活动以及在此基础上形成的自由和民主思想，其实就是实验主义哲学思想的自然体现和应用。正如美国学者伯恩斯坦所评价的："杜威的一生体现了思想与行动的一致性，他是在关于人的实际事务的经验中形成他最深刻的思想与信念的，直

---

① 〔英〕阿诺德·汤因比：《历史研究》，刘北成、郭小凌译，上海人民出版社，第311页。

② James Campbell, *Understanding John Dewey* (Chicago, IL: Open Court Publishing Company, 1995), p. 67.

到他生命的最后一刻，他都力求将智慧与理性用于解决最严峻的社会问题。"① 在此，他将作为生活方式的民主当作社会改造的理论基础，在社会生活中强调个体性、沟通、合作和共享。如果一个社会的全体成员都能以同等条件，通过各种形式的生活相互影响和联合，使社会制度得到重新调整，共同享受社会利益，那么这个社会就是民主的社会，就是社会改造的目标。

第一节　个人与社会

一　社会与个人

杜威认为，社会是基于需要而形成的。人类有需要与兴趣的天性，根据需要与兴趣聚集成人群，这就是社会。比如男女之欲是一种自然的情欲，有了这种需要，然后有男女居室，再建立家庭。再比如饮食与安全的欲望也是一种天性，由此产生出工商业、交通运输业等经济产业。人类还有权力的欲望，于是引起纷争，然后产生了政府、法律和国家。人类又有信仰的天性，所以出现了宗教。这些都是社会得以形成的原因。总而言之，人类有天性、情欲、兴趣、需要，每一种天性、情欲、兴趣、需要，都可产生一个社会。② 所以，社会就是在共同的兴趣与需要的基础上组成的一群人，"意味着联合，即在共同的交往和行动里联合起来，以便更好地实现那些因共同参与而得到扩大、得到确证的各种各样的经验形式。因此，有多少种通过相互交流和共同参与才能提高的善，就有多少种联合的

---

① Riehard Bemstein, *John Dewey* (New York: Washington Square Press, Inc., 1966), p. 23.

② 《杜威五大讲演》，胡适译，安徽教育出版社，2005，第6页。

形式"①。根据需要与兴趣可分成家庭社会、宗教社会、经济社会等。各种社会之间发展不平衡，优胜的社会为了保持自己的地位，便有意识地压制其他社会。例如，欧洲的中世纪是宗教社会占主导地位的时代，其他社会都处在宗教社会之下。宗教提倡独身，便压制了家庭；提倡精神，便压制了物质的经济社会；它怕科学破坏其根本观念，于是一直想让人们保持愚昧状态。甚至还因不同的宗教所属人群利益不同，而打着宗教旗号发动战争。

由于不同类型的社会不能同时而平等地发展，社会与社会之间便发生了冲突。在历史上，社会的发展往往偏向某一方面，其他社会不是赶不上，便是被压下去，久而久之，那赶不上或压下去的一方，便要与发展的一方发生冲突。所谓个人与社会的冲突，实际上是人群与人群的社会之间的冲突：一种人已经占据优势，成了公认的社会；予以反对的也是一种社会，不过并没有得到公认。于是，后一种社会为了自己的利益、兴趣去反对前一种社会。与其说是个人反对社会，毋宁说是不同社会之间发生冲突，无非是一方面太过优胜、太过自由，而另一方面太过不足。个人并不是反对法律、制度等，而是希望在现行制度里加入某些内容，去管理和修正它。

关于个人与社会冲突最典型的例子便是东方人最为看重的家庭：由于家庭是中心，家庭制度的利益便是社会的利益，和家庭发生冲突就是大逆不道。年长的父兄利益把卑幼妇孺的利益全压了下去。后来时代变了，卑幼想选择自己的生活、职业、信仰等，父兄便觉得这是侵犯家庭利益，当然也是与社会利益相冲突的。其实卑幼们所主张的也是一种社会利益，只是还没有得到社会的公认。引发冲

---

① John Dewey, "Recontruction in Philosophy", in Jo Ann Boydston, ed., *The Middle Works*, Vol. 12 (Carbondale and Edwardsville, IL: Southern Illinois University Press, 1979), p. 197.

突的两方都是社会，不过一方已经占据优势，另一方还未被承认罢了。①

所以，个人问题其实是社会问题。18～19世纪以来的个人主义也是一种社会学。只不过当个人成为哲学关注的中心时，他就被视为一种现成（given）的东西，剩下的事情便是让这种东西显现出来。对他来说，无论什么事情都只能通过某种外在的拥有和刺激，比如快乐、安全与舒适来实现。社会组织、法律、制度是为人而设的，而不是为它们所设的，它们应该是人类拥有幸福和获得进步的手段。

这些主张确实具有很强的感染力与吸引力，但杜威还是睿智地指出，它们的确是手段与工具，不过不是获得什么东西（比如幸福）的手段，而是创造个性的手段。从社会与道德的角度来看，个性是指某种即将被塑造出来的东西，指的是创造性、发明性和丰富的策略，是承担信念与行为的责任。"它们是后天的而不是先天的。"②后天意味着它们不是既定、完成和绝对的，而是与其用途相关的，用途也会随环境的变化而变化。

而且，这些主张把"个人"与"社会"看成两个对立的实体，并以一般观念来概括种种特殊的情境。在社会探究中，重要的不是一般的观念，而是由具体的个人组成的具体的群体，以及具体的的制度与社会组织。实验主义的社会逻辑就在于舍弃对概念的意义以及相互之间辩证关系的讨论，而转入具体的社会情境，根据具体问题确定具体原则与目的，然后再提出可能的方法与途径。"哲学改造

---

① 《杜威五大讲演》，胡适译，安徽教育出版社，2005，第7～8页。

② John Dewey, "Reconstruction in Philosophy", in Jo Ann Boydston, ed., *The Middle Works*, Vol. 12 (Carbondale and Edwardsville, IL: Southern Illinois University Press, 1979), p. 191.

的真正目标不是对制度、个人、国家、自由、法律、秩序等一般概念进行精细的推理，而是去分析改造特殊情境的方法。"①

那些把自我看成是某种现成的东西，以及把自我利益看成是获得快乐和赢利的人们，特别重视法律、正义、权力、自由等抽象的逻辑概念。这些概念貌似公正严明，但其实很容易被别有用心的人（尤其是狡猾的政客）利用。利益应当是具体的、动态变化的。只有在自我被看作实现更高目标的进程中，而利益也相应地被看作推动自我发展的事物的时候，它们才可以成为一个有用的术语。

由于社会与制度被看作外在的、次要的，于是就很容易论证，通常的改革中只有内在的和道德上的变化才是重要的。社会改造的重任就落在了自由意志的肩上，个人被认为只需对自己的是非善恶观念进行反思，就可以对环境的改善不闻不问。② 结果是智者沉浸于反思，强盗却横行于天下。我们应该认识到，自我是一个能动的过程，社会变革是创造新人的唯一手段，个人的道德改进和客观的经济政治条件的改革是融为一体的，社会改革的唯一目标，也即判断的唯一标准就是看它培养什么样的人。我们需要对具体的结构和交互作用进行详尽的探究。片面强调个人、社会，以及笼统地强调有机整体都不能促进有效地探究，反而会带来阻碍。

二 新个人主义

个人和生活被视作对立的根源，这是因为作为古典民主理论基石的个人主义是一种旧的个人主义，它把人看作孤立的、非社会的

---

① John Dewey, "Recontruction in Philosophy", in Jo Ann Boydston, ed., *The Middle Works*, Vol. 12 (Carbondale and Edwardsville, IL: Southern Illinois University Press, 1979), p. 190.

② 如儒家的"慎独"主张。

原子。与之相比，实验主义主张"创造一种新型个人——其思想与欲望的模式与他人具有持久性，其社交性表现在所有常规的人类联系中的合作性"①。这就是说，"当我们把人理解为卓越的个人时，他实际上是由同他人的关系所左右和规定的。他的行为及其后果，或者他的经验构成，都不能被描述，更不能被归因于一种孤立的状态"②。个人与社会只有在相互依存、相互包含的关系中才能被理解、才具有意义，孤立的个人和与个人对立的社会都是不存在的。个人"以独特的行为方式同其他行为方式相关联，而不是一种独立于其他事物的自我封闭的行为。从某种角度而言，任何个人都是一种联合"③。只有在人与人的内在关联之中，人才可以称为人。

而古典哲学却把人看作一个聚合体、看作一堆需要通过人造泥钵将其汇聚成秩序表象的沙砾。根据这种理论，民主就被简单地定义为多数人的统治，主权被看作切割的碎肉，民主制度被定义为社会的废除、消解与毁灭。当如此定义时，民主制度就很容易被证明是最不稳定的（也许基于这样的原因，亚里士多德将民主归类为坏政体里的坏政体），共同意志将是很难实现的。原因无他，皆因在乌合之众中，个体是原子式的。在乌合之众基础上的民主只能是杜撰之物，它于自由无益而对专制有利，很容易被裁剪为威权的外衣（希特勒就是打着民主的旗号实现对全体德国人的统治的）。在新个人主义看来，人本质上是社会存在，社会是统一性与结构性的社会。

---

① 〔美〕杜威：《新旧个人主义——杜威文选》，孙有中等译，上海社会科学院出版社，1997，第91页。

② John Dewey，"The Public and It's Problem"，in Jo Ann Boydston，ed.，*The Later Works*，Vol. 2（Carbondale and Edwardsville，IL：Southern Illinois University Press，1984），p. 353.

③ John Dewey，"The Public and It's Problem"，in Jo Ann Boydston，ed.，*The Later Works*，Vol. 2（Carbondale and Edwardsville，IL：Southern Illinois University Press，1984），pp. 352 – 353.

它不仅确实拥有，而且必须拥有共同意志，人们相互之间有一种有机（organic）联系，或者目标与利益一致，因而就有可能使国家代表公众。

作为新个人主义的公民是社会整体的一部分，在公民身上浓缩了社会的智力与意志。如果是那个孤立的、非社会的个体虚构，当主权分割到每一个原子身上时，其效力就已经微乎其微了，但共同体中的个体却能够认识到在自身内部凝结而成的这个有机体的精神与意志。新个人主义的个体性真实地存在于每个成员身上，而不是表现为原子的物理延续。它呈现的是意义的条理和真实的自我，因而是理想生活或精神生活，是意志的统一体。新个人主义的个体就是社会的缩影，是社会生活的呈现；社会也是个体的实现，是个体成就的表达和完成形式。社会因个体而存在，而不是个体因社会而存在。新个人主义意味着，个体之间通过最佳的方式联合起来促使每一个个体变得更好，每个人都通过与其他人的联系而受益，与此对应的社会中的每一个公民都是统治者，每个成员都是"神的牧师"①。

因此，在民主制度下，个体与社会之间因新的个人主义而建立了有机联系。基于这个原因，民主制度是稳定和安全的。其中，个体作为共同意志的有机部分而存在，处于他们所生活的政治社会之中。实际上，整体的生活就是个体的生活；而不像专制社会的"共同意志"，只是专制政权的一副铠甲，是为了让统治者更加安全，从而将民众纳入麾下。民众并不参与共同意志的形成和表达过程，他们不能通过自身体现共同利益。他们不占有社会份额，因此社会与

---

① John Dewey, "The Ethics of Democracy", in Jo Ann Boydston, ed., *The Early Works*, Vol. 1 (Carbondale and Edwardsville, IL: Southern Illinois University Press, 1969), p. 237.

其无关。只要个体性得不到确认，只要个体还是原子化的个体，即使冠以民主之名，主权的实现对大众来说也始终是画饼充饥。不仅如此，还会使某些野心家打着民主的旗号浑水摸鱼：希特勒和麦卡锡都是利用民主的漏洞而大行其道的。在这种情况下，政府必定通过某些虚假的手段来建立。

三　个体化的社会与社会化的个人

通过考察新个人主义，杜威指出，"个人"（individul）不是独立的事物，而是在共同生活的影响下所产生、确认的各种各样的人的具体反应、习惯、气质和能力；"社会"也并非固定的实体，而是不同的人际关系。"它包括人们为了分享经验和建立共同利益和目标的一切联合方式：街道上的流氓团伙、强盗帮派、政党、社团、贸易联盟、股份公司、村落和国际同盟等等。"① 实验主义的方法就在于对这些特殊的、可变的、相对的事实进行探究，而不是摆弄一些抽象的概念。国家观念正是这种做法的一个例证。

19 世纪的哲学，尤其是德国的政治哲学列举出一定数量的制度，它们各有其本质和不可变更的意义，然后根据各种制度的品位和等级排列出由低到高的"进化"次序，民族国家就是这个进化序列的最高峰。黑格尔是这项工作的突出代表，他把国家置于至高无上的地位，并把这种观念僵化为一种不容置疑的教条。自《威斯特伐利亚和约》签订以来，民族国家一直是现代政治历史的中心。相应地，发展出对内反对小团体的惰性、谋求建立统一国家，对外维护国家主权的政治理论。

---

① John Dewey, "Recontruction in Philosophy", in Jo Ann Boydston, ed., *The Middle Works*, Vol. 12 (Carbondale and Edwardsville, IL: Southern Illinois University Press, 1979), p. 194.

但是，当统一和巩固的事业发展到顶峰的时候，问题也随之而来。民族国家不需要再抵抗强敌时，应该成为促进和保护其他更为自由的团体的工具，而不是把自身当作最高目的。这样，强制的联合就被自由的联合所取代，严厉的组织被适合人类选择的组织所代替，后者可以根据人的意志而改变。表面上看这是一种个人主义的运动，实际上却是将政党、工业、企业、科学技术组织、贸易联盟、教会、学校、俱乐部和社团等的种类与内容进行调整，使之更有利于人类的共同利益。随着这些组织的发展，它们将越来越成为一个规范者、协调者和服务者。增进能够被人们分享的那些善的团体，才是社会真正的组成部分。凡能提升生活价值的任何人类力量的结合，都是独一无二的，都是弥足珍贵的。现代社会是多元的，传统的等级制和一元论应该得到修正。尤其是诸如战争是净化伦理的最好方式等言论，更是荒谬至极。战争不但不能给国家带来荣耀，反而使道德更加败坏，它迫使国家朝着追求扭曲的至高地位的方向狂奔。

因此，社会是许多人的联合体而不是简单的人群，它意味着联合，即在共同的交往和行动中联合起来，以便更好地实现那些因共同参与而得到扩大、确证的各种各样的经验形式。有多少共同参与和相互交流带来的益处，就有多少种联合形式。能否经得起公开和交流，是检验真善与伪善的根本标准，交往、协同和共享也是实现普遍的善的唯一途径。普遍化就是社会化，就是使共享成果的人们在范围和分布区域上的扩大。只有通过交往，善才能得以延续，团体是共享利益的手段，而不是本身的目的。这是利他主义和道德原理的基础。没有它，利他主义与慈善就会打着行善的旗号，变成仿佛施恩于他人的一种道德高傲或道德干涉，实则是控制别人的生活。

因此，任何组织（主要指传统理论中的社会与国家）都应该是从属性的，如果它不能用来促进人类的交往，就会变得呆板、僵硬和官僚化。当然，这样说并不意味着把个体提高到至高无上的地位。个体同样是从属性的，因为如果与他人没有交往以及经验上的交流，他就只是一个不能说话、纯感觉的、纯野生的"动物"。

把人与社会当作固定不变和截然对立的两极，还会导致权利与义务的争执不休。长期以来，权利和义务被认为是一对矛盾，权利的增加就意味着义务的减少，反之亦然，自由对个人是积极的而对社会是消极的。其实，它们压根就是一而二、二而一的关系。这是因为个体的潜能与才干要充分地发挥，就需要宽松的、留有余地的社会环境，这是权利；而为了创造一个更好的社会环境，又需要个体之间充分地交流、沟通与共享，意味着经验在借鉴与相互成就的基础上不断丰富，这是义务的内涵。所以，它们在根本上是统一的，是联合形式的两个方面。

在历史上，经验主义发展出的自由主义特别强调人的自由和权利并将之看作目的；德国古典哲学的政治思想从另一个方面把义务看得神圣至上。它们看似两极，实质则一，都是把人看作原子化的个人，只不过一个追求内在的满足与维护，一个希望通过服从外在的秩序与法则来获得地位与价值，究其实质，都是缺乏个体性的表现。理解人与社会最关键的一点在于把握人的个体性，它意味着表现和发展人的创造力、计划能力、预见力、活力和忍耐力；另外，只有人性的诸因素参与某种形式的交往与联合，也就是家庭、企业、政府、学校、教会以及科学研究团体时，人的个体性才能得到发展。"当意识到个性不是天生的禀赋而是在共同生活的影响下被培养出来的时候，它就成为探究共同体各种制度的出发点。"①

四 "公共"与"私人"

根据前文可以看出，杜威最基本的方法论就在于他始终将过程、关系以及效果置于考察的中心位置，并作为判断的根本标准。既然社会是人们相互之间的关系与行为，那么从人类行为给他人带来的后果中，就可以找到社会探究的出发点。而后果往往是可以观察到的，通过对后果的观察，可以调整我们此后的行为，有益的后果被保留而不利的后果会被修正。根据这种思路，我们可以区分两类后果，一种是直接影响有着交互行为的人，另一种是影响其他人，也就是间接的影响。杜威正是以此区分个体与公众之间不同的根源的，并以此为出发点构建他的国家理论。当行为的后果只影响直接参与的人时，这种交互行为就是私人的，反之则是公众的。举例来说，A与B进行对话就是一种交互行为，对话的结果会由一个人传递给另外一个人，所产生的影响可能是正面的，也可能是负面的。结果无论怎样都没有超出A与B的范围，也就是说，活动只存在于两者之间，就是私人的。但是，如果这个对话的结果影响了他人的利益，"那么该行为就需要一种公共能力，无论这个对话发生在国王和首相之间，还是发生在Catiline和共谋者之间，或是大亨们计划垄断市场的对话"②。

个体的很多行为往往会影响其他人，乃至整个共同体，但都是

---

① John Dewey, "Recontruction in Philosophy", in Jo Ann Boydston, ed., *The Middle Works*, Vol. 12 (Carbondale and Edwardsville, IL: Southern Illinois University Press, 1979), p. 193.

② John Dewey, "The Public and It's Problem", in Jo Ann Boydston, ed., *The Later Works*, Vol. 2 (Carbondale and Edwardsville, IL: Southern Illinois University Press, 1984), p. 243.

间接的。例如，亚当·斯密"看不见的手"的论断，在一定程度上是合理的：私人为追求利润展开的行动可以有益于公众。而有一些是直接的，如慈善家的捐赠就使穷人直接受益。在这些例子中，私人行为有意无意地给社会带来了好处，所以不能将私人行为与非社会和反社会的后果联系在一起，认为私人与社会之间必然对立。有必要重复一下前文的定义：私人和公众之间的界限根据一定的行为后果来界定，无论这种行为是正面的还是负面的。这种区分正是找到国家的本质和国家行政的关键。"公共包括交互行为间接影响到的并且达到一定程度的所有人，因此系统性地控制那些行为所产生的后果是非常必要的。"① 所以，非常有必要找出一些人来代表那些受到间接影响的人，并着手保护他们的利益，这些代表就是公职人员。公共的表现形式就是官方，由官方和实体机构联合起来，控制间接后果的公众，就是平民。

　　一个特定的事件，往往会使后果不仅影响直接牵扯其中的人，还可能波及更大的群体，甚至是好几代人。没有被直接影响的人组成公众，他们趋向于采取一定的措施参与其中，以保护自己的利益（这一现象已经显露出国家、机构及官员的雏形，同时也说明，根据直接因素界定国家的本质是行不通的，而应该着眼于持续扩大的行为后果）。要维护共同利益，就需要遵照特定的规则和法则，并选出一些人作为他们的保护者、代言人乃至执行者（如果有必要）。因为当国家或公众制定社会规则，如通过法律、执行契约和商讨特许权的时候，就需要通过具体的个人来实施。这样，个人就成为公众和共同利益的代表，亦即官员。这是一种存在于私人的和官方的或者

---

① John Dewey, "The Public and It's Problem", in Jo Ann Boydston, ed. , *The Later Works*, Vol. 2 (Carbondale and Edwardsville, IL: Southern Illinois University Press, 1984), pp. 245 – 246.

代表性角色之间的区别。官员是一种权威，能够认识到后果并且能够控制过程，使其获得广泛持续的福祉、避免灾祸发生。因此，行为的后果，而不是因果关系，才是所要探究问题的核心。人们需要采取一定的方式来感知人类行为的后果，而且要采取一定的措施和方法来控制这些后果。如果仅仅将国家作为一种逻辑后果（如认为国家是地上的神），那么它要么被看作一种纯粹的专制力量，所有的功能是压制与欺骗，因而是一个该消灭的怪兽，要么被看作众多个人力量的集合，其中每个人都是无助的（所以才需要集合），也是相互冲突的（所以才需要国家进行调节）。在这两种情况之下，国家和个人之间是对立的，个人主义哲学由此产生。于是，个体成为中心，欲望、意志、目的和选择都是私人的事情，个体应该免受打扰。

的确，事物是独立运动的，但事物是共同起作用的。没有任何一个事物在完全孤立的情况下运动。每一个事物的运动，都和其他事物的运动相联系，每一种行为都被其他相关行为所修正。树木只能生长在森林里，很多植物的种子只能在其他植物提供的条件下生根发芽。从花到果有赖于昆虫的授粉活动。动物单个细胞的生命，也是与其他细胞的活动互为条件的。电子、原子和分子之间的关联活动更是无处不在。事物在联系之中存在并发挥作用，我们应该将联合作为被接受的事实，应该从联合的影响去反省联合本身。个体当然有思考、欲求和向往，但他们思考的是自己的行为对他人影响的后果，以及他人的行为对自己影响的后果。人类可以从联合行为及其后果中学会判断，表明决心，并使思考、感受、表达欲望和行为习惯得到提升。

因此，人们不仅在事实上是联合的，而且在其观念、情感和有意识行为的构成中，成为一个社会的动物。他所相信、期望和追求的目标，都是联合和交互行为的结果。人类结成群体是为了科学探究，为了宗教崇拜，为了艺术制作和欣赏，为了运动比赛，为了给予和接受指导，为了工业以及商业方面的事业。每一方面的例子都显示出：人类的行为已经远远超出了生物方面的本能，甚至超出了地域的界限，产生了与那些孤立的行为所导致的天壤之别的后果。①

当这些后果在智力上和情感上被意识到的时候，共同利益应运而生，相互联系的行为也发生了本质上的改变。共同利益所导致的后果往往超出直接参与其中或创造它们的主体范围，会影响诸如家庭关系、教会、工会、公司或者教育机构等除自身之外的更多的人，这时候公众——受特定行为间接影响的群体——就产生了。公众通过适当的组织展开行动，进而使自己成为监督和管控的力量。

第二节　实验主义的国家观

一　国家及其产生

当公众产生并且要对共同利益产生的后果进行抑制（不好的方面）或保留（好的方面）时，就会参与维护共同利益，就必须形成某些特殊的机构和方法，或者开发出一些新的功能。就需要特定的规则和法则，并要选举出一些人作为他们的保护者、代言人，甚至

---

① John Dewey, "The Public and It's Problem", in Jo Ann Boydston, ed., *The Later Works*, Vol. 2 (Carbondale and Edwardsville, IL: Southern Illinois University Press, 1984), p. 250.

是执行者。从理论上讲，有无限的共同利益，也就有无限的公众，这就需要非常强有力的机构和组织将其联合起来，这时候国家就登场了。换句话说，联合行为持久的、广泛的和影响严重的后果产生了公众，而公众就自身来讲又是无组织和无形式的，于是就需要某些人群（官员）发挥他们的力量，这样形成的整体并通过官员代表来执行的公众，就是国家（state）。

政治形式一旦形成，就会产生动力，按照自己的动力方向前进。政治机构如果是很精密的运行良好的机构，那么就会成为影响新公众的组织，也就是政府。国家是公众的工具，政府是国家的工具。

有效的形式可以使社会生活更具流动性，减少政治和法律的沉淀固化。但是政治的变化往往是落后于旧公众的消失和新公众的产生的，因为对于占有逝去的公众建立的公众组织的官员们来说，权力的诱惑是很大的，要让他们放弃是非常难的。所以，国家形式的改变，往往伴随着革命的发生。除非人类克服这种惰性，否则很少会出现足够有弹性和反应力的政治和法律组织。所以就其本质而言，"国家永远是某种需要被审视、研究和追溯的东西。几乎是它的形式被确定下来伊始，就需要考虑变革了。因此，发现国家的问题，……是彼此联合的活生生的人类面临的命题"①。就是要具备心智上的力量去感知和识别群体里个人的后果，并追溯它们，找到根源。它涉及选择什么样的人来代表能够预知到后果的利益集团，以及需要一个具有威信和权力的机构，也就是政府，并具备与其实践相当的功能来为公众服务，而不是服务于私人利益。判定一个国家运行良好的关键就在于其中的公众组织，主要是看在多大程度上，国家的官

---

① John Dewey, "The Public and It's Problem", in Jo Ann Boydston, ed., *The Later Works*, Vol. 2 (Carbondale and Edwardsville, IL: Southern Illinois University Press, 1984), p. 255.

员被很好地组织起来，来为公众的利益服务。

发挥这样的功能并不像康德和黑格尔那样，依据一套先天的（priori）规则，天衣无缝地建构一个完善的国家。国家的形成是一个按经验操作和实验的过程，而不是一个先验的"神"在地上的实现。说到操作，"这种操作的并不是什么先验的验证或规则，这些操作本身就是在实际探究进程中通过实验发展出来的。这些操作是从人类的自然动作中创造出来的，也是在做的进程中验证和改进的。"①实验必然伴随着各种各样的盲目和偶然，人们会不断尝试甚至经历无数次失败，除非有关条件被满足，否则无人洞察到什么在后面。甚至当一个好的国家已经建立起来时，人们也无法清楚地知道。人们可能会反思和总结，并在今后的路上较为理智地前行，但这依然是实验性的。实验主义的精髓就是尽可能创造一些方法，使实验不再盲目地进行，减少偶然性，以便在错误中吸取教训，从成功中总结经验。

所以，国家的产生不像发明机器一样，有先在的目的，然后根据一整套严密计划有条不紊、按部就班地进行，也不是逐渐显现出来的绝对精神，或是一种形而上的绝对意志。如果我们在这些来源中寻求国家的起源，就只能依赖于神秘主义，相信公众只能在神秘中产生并以迷信维持。或者像黑格尔及其追随者那样，建构一种神秘的历史哲学，去弥补国家学说的缺陷。普遍性理念利用一个个世俗的和具体的国家，将它们作为理性和意志客观化的工具。然而，这种内在普遍性的概念，违背了国家的多样性。这些国家各有边界，并且对其他国家怀有敌意，很难用一种一元论的政治哲学统一起来。

---

① 〔美〕杜威：《确定性的寻求》，傅统先译，上海人民出版社，2004，第123页。

国家真正的起源，只能是共同的利益。没有共同利益就没有公众，就没有形成一个包容一切的国家的需要或可能。只有将对维护共同利益功能的意识作为主要因素，才能对国家的多样性有初步的认知。依据不同的后果，共同利益显现出来，相应地有了不同的公众，以及不同类型的政治行为。因此，"我们所下的定义的基础是国家所行使的职能，而不是任何内在本质或机构性本性"①。

简言之，公众对间接的行为后果以及为了该后果而采取行动的广泛而持久的认识决定了国家的相对性，而根据具体的因果关系定义的那些理论，隐含着和事实相矛盾的绝对性。这种相对性有两个显著的标志，第一个是政治组织总是随时间和地域而变化，第二个是在一定数量范围内的联合行为，产生了需要组织起来的公众。试图通过比较的方法找到横亘古今、四海皆准的结构是徒劳的。"随着联合行为复杂和间接的后果的扩展，以及辐射范围的不断扩大，唯一不变的功能就是要关心和调节公众不断增长的利益。"②

二　法律及其起源

前文说过，公众的产生得益于受私人行为的间接影响。当私人行为发生的时候，规则就已经在发挥作用了。比如病人预约了医生，合约就在医患之间产生了。它与病人的健康有关，也与医生的收入、技术和声望有关。而且不止于此：由于专业实践会产生广泛的影响，以至于个人行医资格考核会成为公共事件，因为受此影响——直接

---

① John Dewey, "The Public and It's Problem", in Jo Ann Boydston, ed., *The Later Works*, Vol. 2 (Carbondale and Edwardsville, IL: Southern Illinois University Press, 1984), p. 283.

② John Dewey, "The Public and It's Problem", in Jo Ann Boydston, ed., *The Later Works*, Vol. 2 (Carbondale and Edwardsville, IL: Southern Illinois University Press, 1984), p. 266.

的和间接的——的人是如此之多，影响的程度是如此之深。在社会生活的其他方面，相同或相似的情况也是无处不在。一句话，这些后果不限于影响直接参与的个体，而是会涉及更多的人。没有哪个人能够充分地考虑到其行为产生的所有后果。所以对他来说，规矩是非常必要的，可以影响他的注意力和预先的判断。如果没有现成的规矩可循的话，任何人对计划要做的事都感到迷茫、无助。当后果涉及更大的群体时，情况就变得更令人焦头烂额了。这个群体如此间接地被卷入，以至于谁也不可能迅速地预知他们将会怎样被影响，他们必须组成公众介入其中。一方面，群体的联合可以比单个人覆盖更多的层面；另一方面，公众可以设立某些渠道，即一定的规则，以便使自己的行为被限定在可控范围内，后果可以在一定程度上被预测。于是法律就产生了。"法律就是有条件的制度，在其之下，个人做着彼此之间的相关安排。"①

在这里，"有条件的"意指，如果个人没有明确彼此之间达成一致的条件，那么任何一个协议要么因为模糊不清而不能执行，要么需要罗列出大量的细节，结果是操作和实施起来更加困难。因此，法律原则需要协议所满足的条件，协议的条款要被落实，并有可能由此及彼地推断和预言。相互间行为的重要性不仅在于设定好条件并由它得出预期后果，而且在于如果满足或不满足一定的条件，后果会怎么样。法律是必要的概括：它依据一系列同类的行为事实可预知后果，尽管在开始的时候通常是针对某一具体行为制定的。

杜威的这种法律观可以消除一个由来已久的误解，那就是把法律看作命令，也就是预先颁布一套严格的法则。这样的理论所忽视

---

① John Dewey, "The Public and It's Problem", in Jo Ann Boydston, ed., *The Later Works*, Vol. 2 (Carbondale and Edwardsville, IL: Southern Illinois University Press, 1984), p. 269.

的恰好是对后果的强调，而用一种预先的因果关系来定义国家，尤其是将"意志"看作产生国家的根本因素。如果国家有一种原始的根据，那么服从这个根据就是正当和必要的。按照这样的逻辑，上帝也是重要的法律来源。另一种理论将"意志"看作超出个体的某种东西的集合，是凌驾于一切之上的"公意"，它在形而上学的纯粹观念和纯粹理性影响之下成为一种神秘的、超越的绝对意志。这些理论的一个共同之处是把某种先在的力量作为法律正当性的基础，而不是依据后果来考量。它们把法律的来源和目的、标准等同起来，其逻辑是除非找到比经验更加高级或更确定的来源，否则就找不到现存法律的可靠性根据，就没法对它们进行真正的哲学评价。

对此，杜威明确反对纯粹观念和纯粹理性这些东西，① 而是强调："法则乃是预测可观察事变概率的公式。这些法则所表明的乃是许多关系，这些关系十分稳定，足以在特定的概率限度以内来预测个别情境的发生。"② 实验主义判断法律来源的基本原则就是根据多种可能性及其发生的概率假设共同意志，并在行动中检验，而不是依据纯粹理论判断某物。他进一步将社会事实和现象解释为一种活动，这种活动可以从两个方面理解：从否定的角度看，它们不是已经做完、已经实现和已经结束的事实；从肯定的角度看，它们是正在进行的过程。就法律而言，意味着自身不仅是一个社会的过程，还处于和其他活动的复杂交织中，而不是完成了的或者在某一时间节点发生的事情。社会性首先与人类活动相关联，这意味着不能把法律看作一个孤立的存在实体，而必须根据法律产生和发挥实质作

---

① John Dewey, "Germany Philosophy and Politics", in Jo Ann Boydston, ed., *The Middle Works*, Vol. 8 (Carbondale and Edwardsville, IL: Southern Illinois University Press, 1979), p. 141.

② 〔美〕杜威:《确定性的寻求》，傅统先译，上海人民出版社，2004，第207页。

用的社会条件来讨论它。"法律"不是一个单数的名词，它涵盖一系列主体、对象以及行为，包括法律条文，也包括立法和管理活动、法院判决以及执行等。我们只能通过观察法律如何运作、对正在进行的人类活动有什么影响来确定它是什么。一个既有的法律安排就是它在修正和维持人类活动方面所做的事情。如果没有运用，只有空洞和形式化的条文，就谈不上是法律。"法律是一种运用的过程，而不是实体，过程包含着社会活动的交互性（inter-activities）。"① 不同的政治、法律哲学都强调共识、合约或协议，表明社会现象的这个特点是其理念化的表述形式。

强调"社会的"还有一层意思，就是社会过程具有稳定持续的条件，这些条件不像社会过程中的特殊行为那样短暂多样。人们的某些行为重复就会构成习惯，习惯体现在交互作用中，就变成了习俗。习俗日积月累地沉淀，到一定程度就会明确下来，这就是法律，因此习俗是法律的一个重要来源。

杜威以一个例子——河谷、河流和河床的比喻——形象地说明了这一点：河谷，即地理走势，用来描述一定的社会环境和条件；河流表示社会过程中的特殊行为；河床和习俗类似。于是它们的关系就是，河床首先由河谷决定并受到它的制约，河床不能超越于河谷。同时，河床又构成了稳定的条件，它约束并规定河流的方向，也就是说，习俗规定人们的行为。②

但是，河床的稳固只是相对于湍急的河流而言，并不是绝对静

① John Dewey, "My Philosophy of Law", in Jo Ann Boydston, ed., *The Later Works*, Vol. 14 (Carbondale and Edwardsville, IL: Southern Illinois University Press, 1988), p. 120.
② John Dewey, "My Philosophy of Law", in Jo Ann Boydston, ed., *The Later Works*, Vol. 14 (Carbondale and Edwardsville, IL: Southern Illinois University Press, 1988), p. 120.

止的。考虑到地理走势，河流奔腾不息，其力量也可以改变和形塑河床。这样说的意思是，社会习俗、传统、制度等固然比具体行为和对形成过程的行动安排更为稳定，但也只是相对意义上的。作为习俗的沉淀的法律也是这样，它规定和约束人们的行为，反过来也要与之发生摩擦。尽管法律可以规定社会结构，但它也是在社会历史条件下、在无数具体行为中形成的，而不是外在的强加，要不断地根据发生的情况适时地修正和调整。

　　承认社会现象的这个特点，就不需要在实践活动的基础之上求助于外在的起源。而在历史上，很多事物长期以来构成了法律的起源：格劳秀斯及其追随者所说的上帝的意志或理性、自然法、卢梭的公意、康德的实践理性。尤其在康德和黑格尔那里，法律有其先天来源和永恒的地位及作用。它们看似普遍必然，实则有害无益。人们寄希望于这些空洞的形而上学理论，以为它们不受时间和地域的限制放之四海而皆准，成了没有历史性和社会性的东西。但是从实践的角度看，社会活动总是变化的——尽管在某些方面很不明显，承认这些变化以及根据变化适时调整，我们才能完成每一项能满足现实需要的任务。指望在任何时候、任何地方可以解决任何问题的观念，只能是任何时候、任何地方都解决不了任何问题。不仅如此，它们还是单向的、脱离交互作用的，这导致它们形式上的普遍必然性不能从经验事实中获取有益于自身的东西，它们的生命力不可避免地要走向衰竭。长此以往，对它们的审视只能如同古籍研究，而不是作用于正在发生的事情。从实验主义的经验观点出发，可以肯定的是："在讨论法律问题时，把它们置于具体的社会环境内，而不是从相对疏阔的彼此关系入手。这个趋势虽然还在起始阶段，但一定会和系统的法律理论相互促进。而且，一旦人们在实践中认识到社会事实是持续的活动，法律问题居于前者，就有可能获得一种新知识，而这种新知识会影响永无止境的对判断标准的改进。"①

三　公众、政府和国家

前文已经指出，单独的个人行为的间接影响形成了公众。公众拥有自身利益，以至于这些利益必须由特殊的机构或政府官员来维护和管理，公众和官员一起构成了国家。有学者将国家等同于政府，或者认为国家是一个实体，在本质上有存在的必要，然后要通过某些机构去构建政府，就像主人雇佣仆人并确定他们的职责一样。后一种观点尤其受欢迎，认为能够帮助那些持有它以便保留国家内在神圣性的人形成这样的观念：尽管错误的、腐败的政府带来了无数的政治罪恶，但国家仍然保持着圣洁的荣誉。国家和政府紧密相连的好处在于可以使注意力集中到具体的、可观察的事实上，但也导致了统治者和人民的隔离，政府成了为自身存在而存在。如果是这样，要政府有什么用呢？对国家的忠诚不就成了对统治者的忠诚了吗？

所以政府和公众在构成国家的过程中缺一不可，政府既不能等同于国家，也不能看作可以独立于国家的实体。官员是单独的个体，是执行着新的特殊任务的个体，这些有可能被他们的私人利益所利用，于是就会出现腐败和独断的现象。除了贪腐，还有官僚主义，表现为头脑愚钝、行为傲慢、对阶级利益及偏见的维护和坚持。另外，个人所在其位，也有可能开阔他的视野，刺激他倾向于维护社会利益，这时候他就称得上是一个政治家了，他表现出的政治特征

---

① John Dewey, "My Philosophy of Law", in Jo Ann Boydston, ed., *The Later Works*, Vol. 14 (Carbondale and Edwardsville, IL: Southern Illinois University Press, 1988), p. 122.

将和私人生活完全不同。由此可见，既然公众通过政府组成了国家，那么，官员的样子就是国家的样子。公众必须对官员进行持久的监督与批评，只有这样，国家才能保持其有用性。

通过这种考察可以再次返回个人与社会的讨论上来，以便使国家与社会之间的关系更加明确。以字母表为例，字母表示个体，字母之间的联合代表了个体之间的联合。字母结合在一起组成单词和句子（除非是没有意义的胡乱组合），从这里可以看出个体的行为和存在在持续变化的联合中相互影响。就像一个字母在不同的词语或句子中的意义不同一样，联合行为及其后果不仅深刻地影响着个人的外部习惯，而且深深地影响着其在情感、欲望、计划和价值方面的倾向。

"社会"表示人群关系，因而是一个抽象名词，当然也是集体名词。具体说来，社会、联合体和拥有众多成员的各种团体之间有着不同的联系，代表不同的利益。联合涉及各行各业，联合体可能是本地的、本国的，也可能是跨国的。"除了无限重叠以外，没有什么东西称得上是'社会'，那么不同的含义都可以附着在它之上。在积极还是消极意义上使用'社会'一词要根据它们对参与其中的人们的性格和行为产生了什么样的后果以及对其他人产生了哪些更为长远的后果而定。……'社会'是一个需要被严格和无偏见地接近和判断的东西。"①

由此得出的结论就是，人类联合体产生和维系的价值，并不能归因于国家。国家只是一种特殊的和次级的联合体。人类长期以来形成的一种混乱观念就往往将社会与国家混为一谈，甚至将国家凌

---

① John Dewey, "The Public and It's Problem", in Jo Ann Boydston, ed., *The Later Works*, Vol. 2 (Carbondale and Edwardsville, IL: Southern Illinois University Press, 1984), p. 279.

驾于社会之上，并将其作为社会的目标，就像斯宾诺莎和黑格尔所认为的那样。这导致了对国家的理想化，来自联合体的价值被归为国家，国家成了神圣和超越批评的东西，如此统治者就可以安居其上并为所欲为了。这种观念是专制国家形成的一个很重要的动因。

由此，国家和社会相互影响。公众根据共同利益设立保护和维系他们的机构以形成国家。没有公众就没有国家，而公众又产生于不同的人群关系，也就是社会；反过来，国家通过维系共同利益服务于公众，并促进群体和个人行为的改变。官员在履行职能时，共同体可以保障成员的自由和安全，将他们从有破坏性的环境中解救出来，他们也会将精力和时间用在最需要的地方。例如，国家如果没有强大和组织有力的常备国防，那么一旦外敌入侵，普通公民就得放下本职工作，去保家卫国，这将是灾难性的。"良好的国家设计应该帮助公民合理地考虑他人会做什么，从而有利于结成有益的合作关系。这给他人带来了尊重，也实现了自我尊重。一个国家善的程度，就在于它在多大程度上将个人从消极的斗争和没必要的行为中解放出来，赋予个人积极的信心和勇敢的担当。"①

---

① John Dewey, "The Public and It's Problem", in Jo Ann Boydston, ed. , *The Later Works*, Vol. 2 (Carbondale and Edwardsville, IL: Southern Illinois University Press, 1984), p. 280.

第三章　改造经济

> 要掌握的实质性要点是，研究资本主义就是研究一个发展过程。看来奇怪的是，有人竟会看不到卡尔·马克思很久以前就强调过如此明显的事实。[①]
>
> ——熊彼特

杜威并非经济学家，但作为经验主义者，他将经济看作重要的经验内容，非常重视经济问题并善于使用经济方法来看待社会问题。正如《纽约世界电讯》在 1931 年 11 月 4 日所报道的："随着岁月的推移，杜威博士的兴趣也在不断扩大。曾几何时，他被认为仅仅是一名实验主义哲学家，一位解放美国学校体制的首倡者。……如今他的整个关注点是经济思想领域。72 岁时，他走下讲坛，成为人民的代言人。"[②] 本章主要探讨杜威从经济角度分析资本主义危机

---

① 〔美〕约瑟夫·熊彼特：《资本主义、社会主义与民主》，吴良键译，商务印书馆，1999，第 146 页。

② William Engle，"Setting New Goals at Seventy"，in Jo Ann Boydston，ed.，*The Later Works of John Dewey*，Vol. 6（Carbondale and Edwardsville，IL：Southern Illinois University Press，1985），pp. 406 – 407.

及对自由的冲击，其有关社会控制与联合的对策以及实验主义对经济学改造的启示。通过探究可以发现，物质的和经济的生活现象与道德和政治的目标是并行不悖的，而后者的目的与理想正是根据生产方式的现实情况形成的，一种实验主义的经济学不但是可能的，也是必需的。

第一节　问题和改造目标

一　问题——"不安全"与"无保障"的资本主义

杜威毕生追求作为一种生活方式的民主，但认为"只有民主不仅体现在市民社会和政治领域，而且体现在工业领域时，它才是名副其实的"①。"人类的男女老少所过的实际生活、他们所遭遇到的机会、他们所能享受到的价值、他们的教育、他们在一切艺术和科学事物中所分享到的东西等主要是受经济条件所决定的。所以一个忽视经济条件的道德体系只能是一个遥远空洞的体系。"② 而且，"任何经济事务都不是纯经济的，它对文化的存在或缺失有深刻的影响"③。因此，出于对社会生活的考虑，也出于对生产关系的考虑——民主是一种智慧，它能促进生产关系的变革，一种富裕的民主制度是必需的。

当然，富裕的民主制度意味着，所有生产关系都应该被看作人

① John Dewey, "The Ethics of Democracy", in Jo Ann Boydston, ed., *The Early Works*, Vol. 1 (Carbondale and Edwardsville, IL: Southern Illinois University Press, 1969), p. 246.

② 〔美〕杜威：《确定性的寻求》，傅统先译，上海人民出版社，2004，第285页。

③ John Dewey, "The Future of Liberalism", in Jo Ann Boydston, ed., *The Later Works*, Vol. 11 (Carbondale and Edwardsville, IL: Southern Illinois University Press, 1987), p. 295.

类关系的附属物而不是主人，生产关系组织应当具有社会功能，经济社会是利益与目标共同体不可或缺的部分。"事实上，生活中物质利益的获取与分配被看作通往更好的生活的可能性、通往特殊人类关系的人类生活的必由之路。"① 但长期以来，物质利益却被看作完全外在于那种生活。比如柏拉图与亚里士多德都认为，关于获取与分配财富的事务应当外在于城邦生活，不仅如此，它还和公民生活相对立，是反伦理的。柏拉图因为智者收取学费而认为此举会导致堕落，亚里士多德虽认为工匠对城邦不可或缺，但依然否认他们具有美德。对于民主的伦理学来说，自己的法则必须用于生产领域，经济生活在本质上就是伦理的，它对形成更加高级和完善的生活从而实现人的发展是必需的，这正是民主制度必须成为物质丰富的民主制度的意义所在。

这个理论作用于实践的状况是显而易见的，在工业社会，社会潮流已经将人们汇聚在一起，经济秩序的联合行为的形式普遍而又广泛，以至于决定了公众最重要的组成部分和权力所在。不可避免地，它们将会影响立法和行政，成为最强大和拥有组织的社会力量。这归功于现代经济政权的联合行为的新形式控制了现代政治，就像王朝利益控制了中世纪的政治一样。以至于它们对思想和欲望的影响，比以前改变国家利益的影响更大，比如人们普遍接受"美国的事业是生意"这种说法。现在的问题是，私人财产也许应该进行社会化运作，使其能够克服现实生活中大量存在的社会负效用。行之有效的途径也许是，将工业机构作为包容、友好的联合大众的真正工具来运用，正如在民主社会中对政府的做法一样。

---

① John Dewey, "The Ethics of Democracy", in Jo Ann Boydston, ed., *The Early Works*, Vol. 1 (Carbondale and Edwardsville, IL: Southern Illinois University Press, 1969), p. 248.

　　"能够涵盖当前生产和经济组织方式的突出特点的一个词语是资本主义。"① 这是一种交换的经济方式，与自给自足的早期社会体系形成鲜明的对比。工业革命的一系列伟大发明使资本主义生产完成了从工场手工业向机器大工业的过渡，使资本家不惜耗费大量资金来建造工厂、配备机器、提供原料、推销货物、支付工人工资。资本家是那些能够为工厂、铁路、货船以及其他现代工商业提供足够资金的人，他们在资本主义系统中的地位十分重要。这样的系统不仅与早期的简单体系形成对比，而且和当时的社会主义体系截然不同——在社会主义社会，产品通常都是由国家组织生产的。以苏联为例，它在很大程度上是通过公有制来进行生产制造，这与私人所有制及其管理不同，后者运用的是价格体系。②

　　资本主义的两大基础是私人财产和经济自由。有人认为，除了

---

① John Dewey, "Ethics", in Jo Ann Boydston, ed., *The Later Works*, Vol. 7 (Carbondale and Edwardsville, IL: Southern Illinois University Press, 1985), p. 375.

② 比杜威稍晚的经济学家弗里德曼如此总结价格体制："价格制度就是这个机制，无须中央指导、无须人们相互对话或相互喜好，就能完成这个任务。你每天买铅笔或面包时，并不知道铅笔是谁做的，麦子是谁种的，是白人还是黑人，是中国人还是印度人。价格制度使人们能够在他们生活的某个方面和平地合作，而每个人在所有其他方面则各行其是。亚当·斯密的天才的闪光在于他认识到，在买者和卖者之间的自愿交易中——简单地说就是在自由市场上——出现的价格能够协调千百万人的活动。人们各自谋求自身利益，却能使每一个人都得益。亚当·斯密认为，经济秩序可以作为许多各自谋求自身利益的人的行动的非有意识的结果而产生，这在当时是个惊人的思想，直到今天仍不失其意义。价格制度运行得这样好、这样有效，以至我们在大多数时间里都感觉不到它。直到它的运行受到阻滞，我们才认识到它的良好作用，但即使到那时，我们也很少认识到麻烦的根源。……价格在组织经济活动方面起三个作用：第一，传递情报；第二，提供一种刺激，促使人们采用最节省成本的生产方法，把可得到的资源用于最有价值的目的；第三，决定谁可以得到多少产品，即收入的分配。这三个作用是密切关联的。"（参见〔美〕米尔顿·弗里德曼、罗斯·弗里德曼《自由选择》，胡骑、席学媛、安强译，商务印书馆，1982，第18~19页）

借助暴力和欺诈手段，个人可以自由进入他所选择的任何行业，并且把他所获得的据为己有。当人们自由地追逐私利时，会有一只看不见的手指引其达到一个无心也无力实现的目标，即公众利益。

在资本主义早期，这一切都有其价值与暂时的合理性，因为人类社会一直处于贫乏与落后状态，而旧的法律与习俗阻碍人们进行生产方式的创新与交换，这反过来又加剧了社会的贫乏与落后。因此需要有一种社会机制，鼓励创新并且支持自由交换与贸易。

假设某人发明了一种新的生产方式或产品——这在落后的状态下是弥足珍贵的，马上就会获得社会的承认，也即新产品或新服务很快就会出售，他有了收入后就有了消费能力，这又促使别的商家提供能够满足他的需求的产品。这种"产品和服务的增加，刺激了新的需求，促使了生产力新方式的产生"① 机制被概括为"供给创造需求"。

企业提供给消费者产品，而后有能力购入生产要素（包括劳动力），以进一步提供新的产品；对于消费者来说，为了获得新的产品，要不断供应生产要素。通过这种交换机制，个人从自然经济的劳动必要性——只满足自身需求——中解放出来，从而满足所有的需求。交换因分工而起，分工又促进了交换。通过分工，生产效率极大地提高，使交换双方可以更多地享有对方提供的产品与服务。得益于这种分工与交换的机制，财富的流量越来越大，速度越来越快，质量也越来越高。自由经济过程引起日益频繁的交换，并使交换不断螺旋上升。

为了确保经济平衡与个体之间的公平，应主要依靠竞争。自亚

---

① John Dewey, "Liberalism and Social Action", in Jo Ann Boydston, ed., *The Later Works*, Vol. 11 (Carbondale and Edwardsville, IL: Southern Illinois University Press, 1987), p. 9.

当·斯密以来，西方经济学认为，竞争可以使各种要素——工资、利润和价格——处于协调状态。它应当确保工人、雇主和消费者被公平对待，也应当激励发明家和制造商为了进步而进行必要的冒险，并由此实现平衡：如果工资太低，雇主之间的竞争就会抬高它；如果出现垄断或利润过高，那么其他公司就会试图进入这一行业，使价格降低，利润减少；如果制造商在经营中理念保守、生产方式落后，就会被迫采用新的方法，否则会被淘汰。从长远来看，这些都有利于维护公共利益，能够照顾到所有人，因此资本主义"似乎提供了一个'公平领域'，对所有人'一视同仁'。它并不依赖某个权威人物的个人喜好，抑或说家庭或遗产，而是使个人能力和努力成为成功的试金石"①。企业的发明创造很快就会转化为生产力，并吸引其他企业进入，在价格降低的同时扩大生产；对于消费者，由于当时存在大量未被利用的资源，企业生产范围的扩大很快就会引起生产要素需求的增多，使生产要素供给充足，使资源被充分利用。当然，资源如果供过于求，价格就会回落，以使经济保持平衡。可见，在当时的条件下，之所以能够实现"公平"和"一视同仁"，缘于竞争是围绕价格机制展开的。价格机制可以灵活地调节企业与消费者之间的关系。

然而，这种看似完美的机制却包含着内在固有的矛盾：一方面是利益主体间相互依赖的紧密关系，另一方面是每个人的利己动机。看不见的手促成的平衡是外在的和偶然的，很容易被打破。这一点非常明显地反映在分配上。

工业成果怎样分配？有三种权利主张——雇主的利润、工人的

---

① John Dewey, "Ethics", in Jo Ann Boydston, ed., *The Later Works*, Vol. 7 (Carbondale and Edwardsville, IL: Southern Illinois University Press, 1985), p. 377.

工资和普通大众的低价格。"过去的理论认为，竞争是最恰当的协调机制。但很显然，在实际过程中，主要取决于三者中谁处在较强的位置上。迄今为止，大玩家是雇主。而且在不利时刻，他会迅速强化自己的力量。……在美国和西欧所创造的巨大财富中，很大一部分为雇主阶层所有。消费者可能在一定程度上受益。……但总体而言，现代工业进程中所产生的巨大收益，包括那些来自科学、发明和教育方面的，都流向了雇主群体。"① 这样，"自由放任的实际结局是不平等而不是平等"②。雇主阶层凭借优势掌握了一种权力——主宰市场，使交换不再平等，市场受少数人控制，不完全竞争或垄断出现。③ 甚至"通过维持人为的匮乏，通过 Veblen 所说的系统地破坏生产，个人的利润能够更多"④。雇主阶层以利润形式获得的产品并不用于消费（他们消费不了这么多），而是将很大一部分用于再生产，从而获取更多的利润。久而久之，普通消费者用于交换产品

---

① John Dewey，"Ethics"，in Jo Ann Boydston，ed.，*The Later Works*，Vol. 7 （Carbondale and Edwardsville，IL：Southern Illinois University Press，1985），pp. 388 – 389.

② John Dewey，"Liberalism and Social Action"，in Jo Ann Boydston，ed.，*The Later Works*，Vol. 11 （Carbondale and Edwardsville，IL：Southern Illinois University Press，1987），p. 29.

③ 根据主流的西方经济学，"较强位置"亦即垄断或不完全竞争的出现原因有二，一是"当大规模生产出现规模效益并降低成本时，一个产业中的竞争者就会越来越少。在这些条件下，大企业就可以比小企业以更低的成本进行生产，而小企业只能以低于成本的价格销售，因而无法生存"（〔美〕保罗·萨缪尔森、威廉·诺德豪斯：《经济学》（第 17 版），萧琛主译，人民邮电出版社，2004，第 137 页）。二是"当出现'进入壁垒（barriers to entry）'，即新的企业很难加入某一行业时，也有可能出现不完全竞争"。壁垒由专利、较高的前期投入成本和无形投资、广告与产品差别、配额、关税及准入限制等构成。（〔美〕保罗·萨缪尔森、威廉·诺德豪斯：《经济学》（第 17 版），萧琛主译，人民邮电出版社，2004，第 138 ~ 140 页）

④ John Dewey，"Liberalism and Social Action"，in Jo Ann Boydston，ed.，*The Later Works*，Vol. 11 （Carbondale and Edwardsville，IL：Southern Illinois University Press，1987），p. 28.

的生产要素不断向雇主一方聚积，最终只剩下自己的劳动力，结果"社会分化为两个阶级——劳动群体和商业群体"①。相应地，社会财富也由两部分组成——商业群体的收入和劳动群体的收入，前者又被称作资本收入。所谓资本，就是雇主阶层手中的优势，凭借这种优势，他们可以从新增的社会财富中获得占比较大的部分。② 这种状况即使在 21 世纪也没有多大改观，甚至变本加厉。

结果"科学革命和工业革命带来的收益被相对较小的阶级占有了。工业企业家收入和付出的比例太大。通过实行生产和交换的私人所有制，他们把相当大的一部分生产力增长成果收入囊中"③。具有交换优势与利己动机，意味着资本所有者（在既定的财富分配框架下）有可能控制更多的资源。在美国，经济是受控于通用汽车公司、美国电报电话公司、美国钢铁公司等巨型公司与财团的。杜威举例，在 20 世纪 30 年代，美国所有银行 80% 的资本都控制在 12 家财团手中，而它们对其余 20% 的资本在事实上的控制也是不言而喻的。④

而且，"这种占有不是由于非法阴谋或险恶居心，而是经长期通

① John Dewey，"Individualism, Old and New", in Jo Ann Boydston, ed., *The Later Works*, Vol. 5 (Carbondale and Edwardsville, IL: Southern Illinois University Press, 1984), p. 45.

② 法国经济学家托马斯·皮凯蒂在 21 世纪初总结的资本主义经济运行情况，更是有力地论证了杜威的观察。如果将经济增长率记为 g，资本收益率记为 r，那么 r > g。（〔法〕托马斯·皮凯蒂：《21 世纪资本论》，巴曙松等译，中信出版社，2014，第 28 页）它们之间的差额就是被称为超额利润（或剩余价值）的部分，这些利润并没有流向消费者一侧，而是在企业一侧聚积。资本收益率高于经济增长率意味着劳动收益率低于经济增长率。

③ John Dewey，"Liberalism and Social Action", in Jo Ann Boydston, ed., *The Later Works*, Vol. 11 (Carbondale and Edwardsville, IL: Southern Illinois University Press, 1987), p. 53.

④ John Dewey，"Individualism, Old and New", in Jo Ann Boydston, ed., *The Later Works*, Vol. 5 (Carbondale and Edwardsville, IL: Southern Illinois University Press, 1984), p. 59.

行的立法制度所批准的，并得到普遍道德规范的认可"①。富者之所以越来越富，并非因为他们拥有堪配他们所得的才能，而在于制度为他们提供了一种保障。由于制度的保障，资本市场越完善，两极分化的可能性就越大。② 因此，"财富集中在最富有的群体手里，这在资本主义历史中的趋势是相同的"③ 是普遍现象。

杜威由此指出，斯密与边沁的经济哲学假设了一种实际上并不存在的情境，即把自由贸易、自由竞争的各方看作能力相当，那么各方竞争的出发点如财力、时间、地位，都一概等同，并可利用有理的、有意识的利己心，大家相处融洽，但实力雄厚的、受教育水平高的，便把便宜占去了。最后呈现的是一种很不公平的现象。

就生产方式而言，资本家能掌握工厂、机器、劳动命脉，可谓占尽了便宜，最终得到的是很不公平的结果。④

这时候"看不见的手"原理就不再有效。雇主阶层往往"通过减少供应，提高商品和服务的价格来获得更大的利润。大公司主要的商业渠道和生产线，已经越来越难以假定竞争能够使追求利润的活动自动地满足公众的需求。大部分利润的获得不是通过对必需品的供应，而是通过对供应的控制，或者投机"⑤。它不能保证满足公众的利益需求，由于利润的聚积，社会财富流向劳动群体的份额会

① John Dewey, "Liberalism and Social Action", in Jo Ann Boydston, ed., *The Later Works*, Vol. 11 (Carbondale and Edwardsville, IL: Southern Illinois University Press, 1987), p. 53.
② 〔法〕托马斯·皮凯蒂：《21世纪资本论》，巴曙松等译，中信出版社，2014，第28页。
③ John Dewey, "Ethics", in Jo Ann Boydston, ed., *The Later Works*, Vol. 7 (Carbondale and Edwardsville, IL: Southern Illinois University Press, 1985), p. 408.
④ 《杜威五大讲演》，胡适译，金城出版社，2010，第26页。
⑤ John Dewey, "Ethics", in Jo Ann Boydston, ed., *The Later Works*, Vol. 7 (Carbondale and Edwardsville, IL: Southern Illinois University Press, 1985), p. 405.

越来越少，经济发展也会越来越不平衡，① 长此以往，经济将是"不安全的"（insecure）②。

由于工业机制依赖于保持生产与消费之间的某种平衡，一旦这种平衡被打破，就会影响整个社会结构，繁荣也会失去意义。资本实际上从未像现在这样亟须扩充，但是个人储蓄就其本身而论，对于这项任务却微不足道。……问题异常尖锐。每年……的过量收入如果不能在生产渠道中找到出路，就只会恶化经济形势。若想做到这一点，就只有保持消费水平，而这只有在管理和控制从生产流通领域到消费领域的情况下才能实现。③

综上，资本主义社会的问题之一，就是迫切需要维持可衡量的

---

① 对照 20 世纪上半叶美国的历史，实际情况正是如此：第一次世界大战后，由于有了大量的商品生产，消费者的购买力显然也需要提高，即增加工资。但是在 20 世纪 20 年代，工人的收入并没有随着生产力的提高而相应增加。就是在 1929 年，布鲁金斯研究所的经济学家也计算过，一个家庭如果想取得最低限度的生活必需品，每年要有 2000 元的收入才行，但当年 60% 以上美国家庭的收入是达不到这个数字的。一句话，购买力赶不上商品生产。……为了保障投资者的利益，物价是不能降的，于是销售量减少了。销售量一减，只好用解雇工人的办法来降低生产成本。……销售额越下降，被解雇的工人就越多，从而引起购买力的全面萎缩，结果是：产业工人穷了，连累农民也变穷；而农民的穷，又加深了产业工人的穷。"谁也没钱买对方的东西"是俄克拉荷马州的一个人在国会小组委员会上作证时说的话，他把恶性循环这一现象说得清清楚楚。所以，在同一时间、同一国家，既有生产过剩，又有消费不足。（〔美〕威廉·曼彻斯特：《光荣与梦想》，朱协译，海南出版社，2006，第 3 ~ 5 页）

② John Dewey, "John Dewey Surveys the Nation's Ills", in Jo Ann Boydston, ed., *The Later Works*, Vol. 6 (Carbondale and Edwardsville, IL: Southern Illinois University Press, 1985), p. 411.

③ John Dewey, "Individualism, Old and New", in Jo Ann Boydston, ed., *The Later Works*, Vol. 5 (Carbondale and Edwardsville, IL: Southern Illinois University Press, 1984), p. 64.

稳定性和安全性。在封建社会，可能存在农作物短缺和其他物品匮乏的情况，但不太可能存在失业，而在机器工业和企业管理中，会出现繁荣、危机、萧条和复苏这样有规律的循环。在经济萧条时期，食物和商品过剩，但买主手中的钱不多，他们对未来丧失了信心。许多恐慌和萧条似乎源于毫无计划地生产，以及对利润和资本的过度期待所导致的鲁莽揣测。如果对利润的单纯追求以及缺乏对稳定工业的长远打算没有得到根本改变，就不可能指望未来变得更好。

二 改造目标——有计划的社会化经济

以上对资本主义社会的考察已经显现出其严重的问题，构建一种良好的社会秩序已经势在必行。在杜威看来，以下三点是经济社会之理智推行方案最为基本的要素。

首先，保证每个能够胜任工作的人的劳动权利——这是与生俱来的法定权利，是民主国家最为基本的社会原则，这种权利应该被作为立国之本而得到保障，这样个人就可以得到参与某种形式的有益活动的机会。危机发生时，国家应该挺身而出，而不是无所作为，应该提供机会，使有自尊的人有机会从事自己感兴趣的工作且不以获得酬金为唯一目的。社会应当自我组织起来，以确保个人不用施舍，而是凭借其所从事的有价值的工作就可以有碗饭吃并得到发展。

其次，通过借鉴战争期间的做法，揭示了运用理智进行社会管理的可能性。如同每个士兵都应该达到基本的营养、卫生和训练标准一样，最低工资标准不应该只是在战争期间才有的东西，不应该成为一种高不可攀的东西，而应该成为一个事实。惠及全民的社会保障应该得到切实的推行。

最后，确保实业界的自主发展。即保证从业者具有更大的能力来控制自己的事业，而不是在受到外部控制的情况下工作。在后一种情况中，工作者往往对所做的事情失去兴趣，对所从事工作的意义及后果缺乏观察。这就意味着要给予劳动者更多的自治的权利，使他们能够控制自身活动的环境。这种在相关领域实行自治的进程将会逐步改变政治上追求民主而在工业和经济生活中专制独裁的局面。

在杜威看来，这三件事成为社会重建的理智推行方案的基本要素。接下来的问题就在于"整个社会能否尝试利用那些有用的智力、可获得的洞察力以及筹划的能力，有步骤地去分析问题并把握实质"①。根据需要取得的成果、必须实现的目标，把各种工具、资源和获得结果的方法协调组织起来。即使谈不上把所有人的智慧集中到一起，起码也可以把相当多的智者及行政和管理人才集合起来，连同那些物质和自然力量一起去干一些实事，从而获得确定的结果并达到预期的目的。要有效地觉察出社会上那些有识之士是否真正向往一种更好的社会秩序。如果他们的渴望足够强烈，意志足够坚定，目的足够明确，那么即使在承受巨大压力的情况下，人们也能携手合作，充分利用身边的物质资源和智力资源来应对社会治理问题，而不是任凭不测事件的摆布。

在 1929 年经济大萧条之后，这被转化为一个迫切需要解决的关键问题：能否通过保持早期自由主义的基本原则和理念，实现所需的经济社会变革？无论是胡佛的无所作为还是罗斯福的"新政"，都没有解决那些尚未解决的问题，反而带来了一些新问题。社会重组确实发生了，但它的方向却和早期自由主义者与激进主义者所希望的方向相反。美国以外的许多国家，甚至通过自上而下的高压控制，

---

① John Dewey, "The Economic Basis of the New Society", in Jo Ann Boydston, ed., *The Later Works*, Vol. 13 (Carbondale and Edwardsville, IL: Southern Illinois University Press, 1988), p. 314.

摧毁了所有在旧的民主观念与民主理想中最值得保存的东西——理智和道德的自由、探究和言论的自由、工作和娱乐的自由、结社的自由、在国家之间往来的自由，在法西斯国家更为明显。

随着对这些自由的限制，出现了经济崩溃和坍塌。在当时，问题在于整个社会能否尝试利用那些有用的智力、可获得的洞察力以及筹划的能力，有步骤地促进经济—社会再调整。答案只有两个：一个是政府的强硬控制，一个是随波逐流的民主。

"新政"干预取得的结果如何呢？尽管整个社会已经意识到，社会有责任照顾那些因为失业而耗尽资源的人，但这种方法不过是治标不治本的缓解剂，是一种马后炮。建立一种新的社会经济秩序，"在这个秩序中所有有能力的人都能够从事他们最适合的工作"①。这一问题的实质依然没有触及，结果是救济和慈善在发挥"前所未有"的巨大作用，那些有助于个人发展的因素却被束之高阁。"从长远来看，很难再找到任何东西能比一种长久地、近乎寄生虫般地依赖慈善与救济，更能破坏人类本质最好的成分了，哪怕这种慈善和救济是公共的。"② 创造一种社会条件，让所有能够从事社会生产的人获得机会，这样的问题固然不简单，但几乎没有被思考过，更不用说被系统地面对和解决。这个问题的意义是不言自明的：它不仅是为了消费（消费当然重要），而且是为了给生产性和创造性活动以及所有对开发人性潜能有意义的东西提供积极、持久的机会。关于

---

① John Dewey, "The Economic Basis of the New Society", in Jo Ann Boydston, ed., *The Later Works*, Vol. 13 (Carbondale and Edwardsville, IL: Southern Illinois University Press, 1988), p. 317.

② John Dewey, "The Economic Basis of the New Society", in Jo Ann Boydston, ed., *The Later Works*, Vol. 13 (Carbondale and Edwardsville, IL: Southern Illinois University Press, 1988), pp. 317–318.

调整个体能力，以及调整他们职业发展的问题，并不是偏向某一方或者仅仅影响某一方，而是双边的和互惠的。也就是说，新的经济体系不是掌控在少数人手里，而是社会化的。它涉及现存职业的状态，涉及整个生产性工作机构的状态，涉及工业系统结构的状态。但是在当时，几乎没有什么条件能够确保个体有机会运用他们的天赋，以及他们已经获得的知识。

经济学最基本的命题是真正的生产只有通过商品流通和消费才能完成，所以传统经济学中那种仅仅保障大规模生产的机械手段，可能会激化矛盾而不是解决问题。反复出现的危机，总是伴随着"富足包围贫困"这一悖论，这足以迫使每一个有思想的人关注这一事实：不能在与商品流通和消费隔离的情况下解决生产问题，健康的经济在很大程度上取决于生产、流通和消费之间的平衡，但大萧条后各国的做法却是在大多数人饥寒交迫的同时大量地销毁产品——杀掉活猪、掩埋棉花、倒掉牛奶。这样的做法实际是将社会的重担压在最不能胜任的阶级肩上。

杜威曾多次强调，生产的终极问题是人类的生产。与这个目的相比，商品的生产是次要和辅助性的。机械工业和技术的发展只是手段，而不是目的。对个体需求和能力的探索是达到目的的一种手段，但也仅仅是一种手段。"这些手段要通过社会系统得以完善，社会系统要为自由人的产生建立和运用相应手段，并使其在平等的基础上相互交往。只有当这些手段成为目的的一个不可分割的部分，而不是被挫败或自我毁灭时，才不会带来新的罪恶或产生新的问题。"①

---

① John Dewey, "The Economic Basis of the New Society", in Jo Ann Boydston, ed., *The Later Works*, Vol. 13 (Carbondale and Edwardsville, IL: Southern Illinois University Press, 1988), p. 320.

实现这一理想的可资者依然是时代积累的极其丰富的科学资源，这是一种相互联系的、被整合起来的社会才智，而不是那些有着高智商却处于分散状态的、孤立的个人才智。只有有组织地利用这种社会的客观性才智进行的社会控制，才能摆脱现有的罪恶又免于遭受来自威权和外部力量的社会控制。然而，人们可能会采取一些捷径，比如发动内战或使用暴力，他们不习惯对知识所有可用的社会资源进行持续应用和探索，而更愿意使用那些过时的、不切实际的才智，这种"才智"一旦被运用于僵化的社会观念中，就会产生盲目摇摆的恶性循环。为此，社会计划必须被制订和实施。但是，计划的（planed）和有计划的（planing）是有本质区别的。前者要求有上级强制执行的蓝图，因此要依赖物质和心理强制力量，以保证对这些蓝图的服从；后者则意味着在各种形式的合作与妥协中充分释放才智。计划是一个正在实施的活动方案，而不是关于终极真理的预设。

一旦计划和后一种情形相联系，社会目的就会一成不变，并为任何一种为实现它而采取的手段提供了合法证明，这种计划只考虑手段，而与目的无关，这个目的则成了框架，什么都往里装，结果是考虑公平手段的计划遭到压制，各种巧立的名目却大行其道。运用这些手段所产生的后果与观念形成之初所设立的目标大相径庭，最初的目的逐渐成为空洞的口号。所用的手段，决定了实际达到的目的，只有所用手段实现了所欲求且值得欲求的目标时，目的才会证明手段的合理性。

第二节　改造的途径——控制与联合

综上所述，资本主义社会经济问题的根本起因在于交换的不公平，不公平引起不平衡，不平衡又导致不安全，最终使得经济被掌控在少数人手里。最直接的解决之道就是将经济的控制权由少数人手中转向社会大多数人手中，从而实现"社会化经济"①，这"要求彻底变革经济制度，以及依赖于其上的政治安排"②。

那如何具体去做呢？

一　控制——税收与地租社会化

如果能够使商业群体一侧的超额利润流向劳工群体一侧，那么劳工群体的购买力就可以大大增强，从而消化商业群体提供的产品与服务，使经济平衡发展。

杜威指出："累积利润寻求投资以获得更大的利润，这是美国财富和收入集中的基本原因，是产生生产与消费之间的不平衡以及随之发生的失业的一大因素。"③ 考虑到利润的再投资，聚积是呈几何级数增长的。"收入分配不公会凸显征税权的使用"④，为此应该对高收入、地产、来自政府公债的收入、公司利润和盈余，以及土地价值严格征税，而后用于处理社会公共事务，使之流向公众一方。因此，税收"是社会化经济应该固有的及其重要的部分。……如果工业经营者们明智的话，……他们应该全力支持如下要求，即筹集的这

---

① John Dewey, "Liberalism and Social Action", in Jo Ann Boydston, ed., *The Later Works*, Vol. 11 (Carbondale and Edwardsville, IL: Southern Illinois University Press, 1987), pp. 63 – 64.

② 〔美〕杜威:《人的问题》，傅统先、邱椿译，上海人民出版社，2006，第 110 ~ 112 页。

③ John Dewey, "Taxation as a Step to Socialization", in Jo Ann Boydston, ed., *The Later Works*, Vol. 5 (Carbondale and Edwardsville, IL: Southern Illinois University Press, 1984), p. 265.

④ John Dewey, "Individualism, Old and New", in Jo Ann Boydston, ed., *The Later Works*, Vol. 5 (Carbondale and Edwardsville, IL: Southern Illinois University Press, 1984), p. 95.

些资金可以大大提升消费的能力"①，这对商业群体也是有利的。

除此之外，"对个人毫无节制地占有土地及其出产物，即矿藏、石油、木材和水力——也就是现今的电力——等自然资源，也应该课以重税。理由是土地的价值是社会创造的，因而必须服务于社会健康发展的需要"②。地租的对象不仅包括农业用地，还包括矿产、水利等自然资源，以及工业用地，它们是生产力的最初源泉，拜造物主的恩赐，理应为社会所有，但在现有制度下，只被土地所有者和垄断制度的其他受益者占有，土地产生的新价值装进了那些占有土地和机器的人的口袋。那么，"为什么不追根溯源，通过土地的社会化给予失业者工作机会呢？为什么不占有社会创造的价值，以支付节节攀升的账单呢？"③ 通过税收与地租社会化，"提高低收入和降低高收入以使财富趋于均衡，这是填饱饥饿的肚子并使仓库中的商品得以销售的唯一办法。只有这样，人们才能得到工作，从而使商品正常流通"④。公众得到返还的税收后，就有能力购买产品与服务，如此才能保持平衡，经济社会才能持续发展。

二　联合——公共社会主义

不过，推行以上措施的难度之大及收效之低也是很明显的。首

---

① John Dewey, "Taxation as a Step to Socialization", in Jo Ann Boydston, ed., *The Later Works*, Vol. 5 (Carbondale and Edwardsville, IL: Southern Illinois University Press, 1984), pp. 265 – 267.

② John Dewey, "Is There Hope for Politics?" in Jo Ann Boydston, ed., *The Later Works*, Vol. 6 (Carbondale and Edwardsville, IL: Southern Illinois University Press, 1985), p. 187.

③ John Dewey, "Socialization of Ground Rent", in Jo Ann Boydston, ed., *The Later Works*, Vol. 11 (Carbondale and Edwardsville, IL: Southern Illinois University Press, 1987), p. 257.

④ John Dewey, "Full Warehouses and Empty Stomachs", in Jo Ann Boydston, ed., *The Later Works*, Vol. 6 (Carbondale and Edwardsville, IL: Southern Illinois University Press, 1985), p. 344.

先，只要经济活动还是为利己的动机所指引，要求商业群体将利润返还给公众的做法会让他们非常不情愿，如此劳资双方的矛盾就不可避免，社会化途径极有可能通过物理的方式（阶级斗争）实现，这是杜威非常不愿意看到的。对于民主来讲，观念应该源于"广泛社会利益的意识"①，而不是偏向某个阶级，以暴易暴谋求社会变革，只会南辕北辙。基于两大阶级的相互依存性，很难设想一方的繁荣能够建立在毁灭另一方的基础之上。因此，民主手段的使用与民主目的的实现是不可分离的整体，民主的目的只能通过民主的手段来实现。

其次，资本被掌握在精英群体手中，社会与政治还是控制在资本家手中，社会化程度到底如何是难以预料的，毕竟"现代商业是靠货币和信贷运行起来的。那些对信贷握有生杀大权的人就控制了国家，而不管国家名义上由谁在控制"②。要将经济的控制权从他们手中夺过来绝非易事。

基于这些原因和经验主义立场，杜威认为资本主义体制必须让位于社会主义，但这种社会主义不同于俄国和意大利的国家社会主义。

"不过，还有一种社会主义，不是国家社会主义，大概可以称之为功能社会主义。"③ 它强调"通过个体自愿发起、自愿合作"④ 的

---

① John Dewey, "Class Struggle and Democracy Way", in Jo Ann Boydston, ed., *The Later Works*, Vol. 11 (Carbondale and Edwardsville, IL: Southern Illinois University Press, 1987), p. 299.

② John Dewey, "Is There Hope for Politics?" in Jo Ann Boydston, ed., *The Later Works*, Vol. 6 (Carbondale and Edwardsville, IL: Southern Illinois University Press, 1985), p. 187.

③ John Dewey, "I Believe", in Jo Ann Boydston, ed., *The Later Works*, Vol. 14 (Carbondale and Edwardsville, IL: Southern Illinois University Press, 1988), p. 95.

④ John Dewey, "I Believe", in Jo Ann Boydston, ed., *The Later Works*, Vol. 14 (Carbondale and Edwardsville, IL: Southern Illinois University Press, 1988), p. 92.

"联合"。

这种联合在杜威看来不仅是必要的，而且是可能的。凡是基于一定关系形成的人群都是一种联合，联合程度取决于两点——"有意识的共同利益的数目与种类有多少？与其他群体的相互影响有多大深广度？"① 犯罪集团成员只有抢夺财物这个共同利益，他们与其他群体也没有人生价值方面的交流。一辆公共汽车上的乘客同样如此，其共同利益仅仅在于共度一段旅程，也无须受其他团体的影响，到站后大家各奔东西。对于现代市场经济体系，利益群体之间的相互依赖令人叹为观止：仅仅是一支铅笔，就需要加利福尼亚的木材，斯里兰卡的石墨，印度尼西亚的菜籽油。而其中伐木工人所喝的一杯咖啡，就不知包含着多少人的劳动。可见，"我们这个复杂的社会结构中每个要素之间有多么依赖"②。

经济生活与其他社会生活的关系非常紧密，表现在经济生活中就是"社会的基底神经节"③。基于共同的利益，无论工商业者还是劳工群体都会意识到对方对于自身的重要性。前者会足够理性，认识到付给后者较高的薪酬才能维持其消费能力，从而促进生产与获得利润。④ 在资本家一侧聚积的超额利润占比越小，社会财富总量就越多。虽然暂时来看他们的利润降低了，但从长远来看，对他们是有利的。在此认识的基础上，"占统治地位的经济政治结合体将承担

---

① 〔美〕杜威：《民主与教育》，薛绚译，译林出版社，2012，第75页。

② John Dewey, "Social Stresses and Strains", in Jo Ann Boydston, ed., *The Later Works*, Vol. 9 (Carbondale and Edwardsville, IL: Southern Illinois University Press, 1987), p. 231.

③ John Dewey, "Liberalism and Social Action", in Jo Ann Boydston, ed., *The Later Works*, Vol. 11 (Carbondale and Edwardsville, IL: Southern Illinois University Press, 1987), p. 43.

④ John Dewey, "Individualism, Old and New", in Jo Ann Boydston, ed., *The Later Works*, Vol. 5 (Carbondale and Edwardsville, IL: Southern Illinois University Press, 1984), p. 58.

起责任"①。

对于后者应该意识到资本家为了获得利润榨取剩余价值，其实是一种道德层面的主观说法。从客观层面来考虑，资本家就是社会的一个器官，其作用是积累财富。正如凯恩斯所指出的："他们像蜜蜂那样储蓄和积累财富，虽然他们那样做是出于狭隘的个人目的，但丝毫没有减少他们对整个社会福利的贡献。"② 受资本家剥削的痛苦与不受资本家剥削的痛苦相比，简直微不足道。一个刚刚毕业的大学生巴不得接受一家巨型公司的"剥削"，这是显而易见的事。

因此，社会两大群体有充分的理由意识到对方对自己的重要性，双方拥有的共同利益与目标远远超过了矛盾分歧。"如果每一个单独的个人屈从于私人利益，其行动仅仅是毫无计划的、外在的聚合，合作的社会秩序是不可能建立起来的。早期自由主义的要害就在于此。"③ 社会的进步和维系"归功于个人广泛和充分地联合起来，去完成共同的任务。……历史记录的内容显示大量的合作努力，其中一个人使用无数其他人提供的成果，并通过使用这些成果来增加共有的、公共的储蓄"④。两大群体可以使自身和对方的长处都更加充分地发挥，从而有利于整个社会。经济将不再是私人的、无保障的和不稳定的，而是得到控制的、有计划的、有利于所有成员的社会

---

① John Dewey, "Individualism, Old and New", in Jo Ann Boydston, ed., *The Later Works*, Vol. 5 (Carbondale and Edwardsville, IL: Southern Illinois University Press, 1984), p. 93.

② 转引自〔英〕琼·罗宾逊：《经济哲学》，安佳译，商务印书馆，2011，第51页。

③ John Dewey, "Individualism, Old and New", in Jo Ann Boydston, ed., *The Later Works*, Vol. 5 (Carbondale and Edwardsville, IL: Southern Illinois University Press, 1984), p. 40.

④ John Dewey, "Liberalism and Social Action", in Jo Ann Boydston, ed., *The Later Works*, Vol. 11 (Carbondale and Edwardsville, IL: Southern Illinois University Press, 1987), pp. 48 – 49.

化活动，并有助于把经济活动转变为提升个人高级能力的手段。[①]

　　相互冲突的利益依然存在，否则社会问题也不复存在。现在的问题是如何解决冲突：为了最大限度地有益于所有人——至少是大多数人。民主的方法——有组织的理智方法——是把这些冲突公之于众，使得大家的方法都得以被了解和评价，使讨论和评判可以根据更大范围的利益，而不是各自单独的利益进行。例如，军火制造商和公众之间存在利害冲突。但他们各自的主张越是被得以充分和科学评估，共同利益就越是得以彰显和有效。……在有理智存在的地方，冲突的利益可以根据大多数的利益来裁决。……每一民主社会中所有人都依赖这种方法，应该被自始至终地遵循。……我们可以毫不夸张地说，衡量一个社会的文明程度，就是看它在多大程度上以合作的理智方法取代了野蛮的冲突。……人类现在拥有一种新方法，这种方法是合作的和实验的科学方法，表现为理智的方法。……要求我们依照现在的具体情况来进行分析，而不是僵化地归于陈旧的固定概念。[②]

民主的经济意味着我们可以去除私利意识对智慧的蒙蔽，在经济生活中充分沟通与协调，最终使所有人都能够受益。它"相信人们之间的日常合作。它相信尽管人们需要和目的各不相同，但友好

---

① John Dewey, "Liberalism and Social Action", in Jo Ann Boydston, ed., *The Later Works*, Vol. 11 (Carbondale and Edwardsville, IL: Southern Illinois University Press, 1987), p. 45.

② John Dewey, "Liberalism and Social Action", in Jo Ann Boydston, ed., *The Later Works*, Vol. 11 (Carbondale and Edwardsville, IL: Southern Illinois University Press, 1987), pp. 56 – 58.

合作——也包括竞争——的习惯是丰富生活的无价之宝"①。

在这样的理念之下，杜威提出如下措施将是可能的：

> 美国的企业家、银行家和政治人物开始大张旗鼓地承担起社会责任。……最终将会建立起一个持之以恒的"经济委员会"、一个将负责计划并协调工业发展的委员会。……劳资双方会以平等的身份会面，会面的目的不是一方让另一方保证不要求增加报酬和不罢工，而是让双方的会面成为不可分割的组成部分，从而有计划地管理国民福利基础。……如果它顺利实现了，那就意味着人们公认旧的社会政治时代及其主导理念结束了。……上述变化必定会将社会责任引入商业体系中，使只追求金钱利润的工业一去不返。如果我们建立一个协调指导委员会，让工业、金融巨头与劳工代表和政府官员进行会晤，并计划对工业活动进行控制，这将产生巨大的道德情感作用。……在一个迅速企业化的社会，我们需要有联合的思想，去考虑现实状况，并从社会利益出发去制定政策。只有这样，为了社会利益去开展有组织的行动才会变成现实。我们将通向某种形式的社会主义，随便我们愿意把它称为什么，也无论它在实现时被称为什么。经济决定论是事实，而不是理论。但是，一种是盲目的、混乱的、无计划的决定论，它源于为牟利而展开的商业活动；另一种是由社会计划、有秩序地发展决定，两者之间是有区别的。区别与选择就在于到底是要一个公共社会主义，还是

---

① John Dewey, "Creative Democracy—The Task Before Us", in Jo Ann Boydston, ed., *The Later Works*, Vol. 14 (Carbondale and Edwardsville, IL: Southern Illinois University Press, 1988), p. 228.

要一个资本社会主义。①

如果这一目标能够实现，人类的生产方式将会发生革命性变化。市场主体将不再分为既相互依赖又对立的两大群体，而是通过自愿联合形成一个共同体。这个共同体是有机的（organic），即是说，所有成员都是为共同利益与目标而联合在一起的一个整体中的一分子。在民主的共同体中，因相互依赖而进行的协作会得到巩固，私利冲突所导致的经济不平衡和不安全将被克服，最终"经济社会必定成为利益与目标的共同体"②。

劳资通力合作只是民主的一个方面，教育同样不可或缺。"只有现代社会拥有这样一些合格人才（受过相关工业活动与关系控制训练）时工业民主才能被我们造就，并通过这种民主的直接参与对每一条生产作业线进行自动管理。没有这种工业的民主化，工业的社会化势必被遏制在国家资本主义阶段。这种国家资本主义也许会给予普通劳动者高一些的物质回报份额，但后者仍然待在他们目前所处的智力和道德上被动反常的情况之中。由于它的公民这方面发展的欠缺，社会民主只能空有其名。"③ 团结与教育都是民主的重要体现，它们运用于工业也符合"科学管理"的两个原则，即"通力合作生产尽可能大的盈余是其共同责任；必须用精确的科学知识来代

① John Dewey, "Individualism, Old and New", in Jo Ann Boydston, ed. , *The Later Works*, Vol. 5 (Carbondale and Edwardsville, IL: Southern Illinois University Press, 1984), pp. 97 – 98.

② John Dewey, "The Ethics of Democracy", in Jo Ann Boydston, ed. , *The Early Works*, Vol. 1 (Carbondale and Edwardsville, IL: Southern Illinois University Press, 1969), p. 247.

③ John Dewey, "Creative Democracy—The Task Before Us", *The Later Works*, Vol. 14 (Carbondale and Edwardsville, IL: Southern Illinois University Press, 1988), p. 335.

替旧的经验法则或个人见解"[1]。

三　补充和对照——马克思论联合

杜威清楚地看到，劳资双方之间存在不平等关系。例如，1927年，约 200 家巨型企业控制了美国近半的公司财富以及过半的企业财富，于是问题就产生了——"劳工怎么可能与拥有 10 亿美元资产的企业平起平坐？"[2] 而且，拘于所有制形式，劳工和雇主很容易发生冲突——尤其是美国这个有着暴力传统的国度，在此情况下各自的价值很难获得对方认可。[3] 换句话说，这时候"智慧"就不管用了。可见在杜威眼里，尽管科学技术被广泛用于开发自然资源，生产力得到了空前的发展，合作方式也引入了现代工业，企业效益得以大幅改善，但获利的依然是少数人——雇主集团。"这里，杜威虽然没有像马克思一样揭露资本家对'剩余价值'的剥削，但他和马克思一样对工人阶级怀有深切同情。"[4]

而马克思论联合的思想和杜威的观点也不无相似之处，尽管前者讨论的仅仅是土地领域，但在某种程度上更能触及根本：

> 而是扬弃整个土地私有制。对垄断的最初扬弃总是使垄断普遍化，也就是使它的存在范围扩大。扬弃了具有最广泛的、无所不包的存在形式的垄断，才算完全消灭了垄断。联合一旦

---

[1]　赵一凡编《美国的历史文献》，蒲隆等译，生活·读书·新知三联书店，1989，第 258 页。

[2]　John Dewey，"Ethics"，in Jo Ann Boydston，ed.，*The Later Works*，Vol. 7 （Carbondale and Edwardsville，IL：Southern Illinois University Press，1985），pp. 392 - 393.

[3]　John Dewey，"Ethics"，in Jo Ann Boydston，ed.，*The Later Works*，Vol. 7 （Carbondale and Edwardsville，IL：Southern Illinois University Press，1985），p. 400.

[4]　孙有中：《美国精神的象征——杜威社会思想研究》，上海人民出版社，2002，第 129 页。

应用于土地，就享有大地产在经济上的好处，并第一次实现分
割的原有倾向即平等。同样，联合也通过合理的方式，而不再
采用以农奴制度、领主统治和有关所有权的荒谬的神秘主义为
中介的方式来恢复人与土地的温情的关系，因为土地不再是牟
利的对象，而是通过自由的劳动和自由的享受，重新成为人的
真正的个人财产。①

"普遍化""存在范围扩大"指土地所有权的普遍化与存在范围
的扩大，也就是共有。"好处"是建立在共同所有基础上的合作，它
一方面保留了大地产社会化规模效应的优点，又避免了土地为少数
人所控制，因而是"平等"的。"农奴制度、领主统治和有关所有
权的荒谬的神秘主义为中介的方式"是指私有制形式。抛弃了这种
所有制形式后，全体成员得以控制生产，获得产出，所以是"自由
的劳动和自由的享受"，是"真正的个人财产"。可见，联合、合
作、共同生活的前提条件是共同所有，私有制条件下的联合注定是
暂时的、松散的。

在工业领域，他也主张资本能够为社会全体所有：

共同性只是劳动的共同性以及由共同的资本——作为普遍
的资本家的共同体——所支付的工资的平等的共同性。关系的
两个方面被提高到想像的普遍性：劳动是为每个人设定的天职，
而资本是共同体的公认的普遍性和力量。②

---

① 《马克思恩格斯全集》第 3 卷，人民出版社，2002，第 262～263 页。
② 《马克思恩格斯全集》第 3 卷，人民出版社，2002，第 296 页。

共同的资本——作为普遍的资本家也是指资本——"对劳动及其产品的支配权"① 为共同所有，"普遍性和力量"意味着资本共同所有后，对劳动及其产品实现控制，才算真正意义上的社会化。由此可见，合作、沟通都是建立在资本所有权的联合之上的。

尽管杜威对人类理性这一智慧禀赋对生活的指导力量深信不疑，并满怀热情与憧憬，但是人类长期的物质匮乏，使得欲望也就是私有财产关系的地位是那样的牢固。利令智昏，私有财产关系使人们变得思想狭隘、智力减退，阻碍了交流，将分享拒之门外，成了生活中无形的障碍。因此，马克思提出："对私有财产的扬弃，是人的一切感觉和特性的彻底解放。"② 也就是说，在经济领域，面对现代民主三原则——民有、民治和民享——中的后两项，马杜二人很相近，而对于民有——生产资料所有制——问题，杜威始终不像马克思那样重视。

第三节　实验主义与经济学改造

一　实验主义资本论

杜威对资本主义的考察和对未来的设想，不仅被有影响力的经济学学说所证实，也为历史的发展所证实。本节结合前文论述，考察实验主义视角下的资本主义经济体系。

基本的市场经济体系如图 3 - 1 所示，市场上存在两类市场主体——企业和消费者，二者之间的关系是：消费者为企业提供生产

---

① 《马克思恩格斯全集》第 3 卷，人民出版社，2002，第 238 页。
② 《马克思恩格斯全集》第 3 卷，人民出版社，2002，第 303 ~ 304 页。

要素，企业为消费者提供产品，二者形成交换关系。对于企业或生产者来说，其生产原则是使利润最大化。这是一种高度简化的状况，因为每一个市场主体既是生产者，又是消费者，并不存在纯粹的消费者或生产者，这样简化是为了分析起来更加方便，或者说仅仅是两种不同的"身份"。如果某一类人受益比较多，他们的企业"身份"会更明显，就把他们归为图3-1中左侧一类，反之则被归为消费者一类。所谓企业与消费者，并非指具体的人，而是指根据地位与功能所扮演的"角色"，由于每个人扮演的角色有别，最终社会分化为不同的阶层。

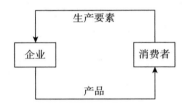

图3-1　基本的市场经济体系

如果经济体系是一种完全竞争状态，那么每一个生产者将不存在经济利润或超额利润。因此在一个竞争性行业中，长期均衡是一种没有经济利润的均衡，所谓的利润不过是个体拥有的某种生产要素的"转化"。

而价格之所以有如此大的调节能力，是由于无论哪一方都不能影响价格。这非常接近完全竞争①的情形，是一个"价格接受者

---

① 根据西方经济学理论，所谓完全竞争是指市场上有大量的卖者与买者，每一个生产者提供的产品都是同质的，所有的资源具有完全的流动性，意味着任何生产者进入或退出一个行业是完全自由和容易的，信息是完全的。即任何买者与卖者都能掌握与经济决策有关的信息。

（price-taker）世界"。

在这种情况下，没有人能够决定商品的价格，价格完全是客观形成的，不受人为因素的影响，交换双方都"愿意"接受这样的价格或者说两种商品的交换比例，因而这时候的交换是"公平"的，整个经济体系是"民主"的。生产、交换、消费行为按照图3-1所示，构成了一个闭环的经济体系，产品和生产要素的流量相等且恒定，所有经济活动周而复始。

但在现实经济生活中，完全竞争市场只是理想化的，是可望而不可即的。[①] 由于生产地位不同，不同的市场主体对价格有不同的影响，商品交换通常不是在公平的条件下发生。只要交易的任何一方利用各种主客观因素成为强势的一方，另一方就处于弱势，这时候交换就是不对等的，一部分太占便宜，一部分则太吃亏。如图3-2所示，左侧的商业群体占有超额利润，而右侧的劳动群体是吃亏的一方。

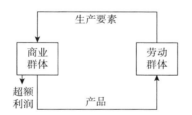

图 3-2 现实中的资本主义生产体系

不完全竞争产生了超额利润，这就是资本主义。[②] 因为交换不平

---

① 〔美〕保罗·萨缪尔森、威廉·诺德豪斯：《经济学》（第17版），萧琛主译，人民邮电出版社，2004，第134页。

② "当有一种权力主宰市场时，那就是资本主义，因为在市场上进行的是不平等交换，这是因为市场受少数人的控制。控制起因于革新、信息以及其他因素。"（参见〔法〕布罗代尔《资本主义论丛》，顾良、张慧君译，中央编译出版社，1997，第52页）

等，生产要素将不断通过超额利润向左侧聚积，最终右侧一方将只剩下劳动力，使"社会分化为两个阶级——劳动群体和商业群体"[1]。

就生产方式来说，资本家占有工厂、机器等，从而掌握了劳动命脉。这就导致了两个结果：一是贫富分化太过严重；二是经济体系失去平衡。"现在应该讨论的是怎样管理支配，才可以使彼此有益，而没有害。"[2]

生产领域是这样，分配领域也是这样，因为控制了生产也就控制了分配；工业领域是这样，金融领域也是这样，因为只有将货币投入工业生产，才称得上是资本。

这种不平等产生的后果首先是经济缺乏稳定性，表现为繁荣、危机、萧条、复苏有规律的循环。产生萧条的一个原因可能是战争，比如第一次世界大战导致 1300 万人死亡，消耗损失物质财富达 3000 亿美元，这肯定会极大地影响社会经济的发展。但"似乎起因于为了营利而没有计划的生产，以及对未来利润及资本的过度期待所导致的鲁莽揣测"[3]。企业因为单纯追求利润而对生产缺乏长远规划。衰退与危机是结构性的而非偶然现象，体现了一种社会性的无计划性。

商业群体一侧不断聚积超额利润仅仅是简单再生产的情况，考虑到利润的再投资，聚积是呈几何级数增长的。[4]"这种占有不是由

---

① John Dewey, "Individualism, Old and New", in Jo Ann Boydston, ed., *The Later Works*, Vol. 5 (Carbondale and Edwardsville, IL: Southern Illinois University Press, 1984), p. 45.

② 《杜威五大讲演》，胡适译，金城出版社，2010，第 26 页。

③ John Dewey, "Ethics", in Jo Ann Boydston, ed., *The Later Works*, Vol. 7 (Carbondale and Edwardsville, IL: Southern Illinois University Press, 1985), p. 382.

④ John Dewey, "Taxation as a Step to Socialization", in Jo Ann Boydston, ed., *The Later Works*, Vol. 5 (Carbondale and Edwardsville, IL: Southern Illinois University Press, 1984), p. 265.

于非法阴谋或险恶居心，而是经长期通行的立法制度所批准的，并且得到普遍道德规范的认可。"① 在资本主义体系中，每个资本家都试图支付尽可能低的工资，以使利润最大化。但是，工人工资的总和构成了消费（购买力）的基础，于是产生了矛盾：在生产最大化的同时，消费水平却下降了。因此，生产的过剩危机便频繁发生。

杜威的社会化经济理念如图 3 - 3 所示，它试图通过地租、慈善和税收，将商业群体多占有的财富返还给劳动群体。这样做的好处在于，一方面劳动群体可以获得基本的生活保障，另一方面经济体系可以恢复平衡。

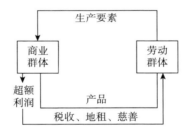

图 3 - 3 杜威的社会化经济理念

当然，美国乃至西欧所采取的方法和苏联的社会主义方式有着天壤之别。后者根据革命和斗争理论，看到了资本主义社会的症结所在，但它采取的是更加激进的方式，试图完全摧毁商业群体即资产阶级，而后建立一个完全由劳动群体即无产阶级主导的全新体系。

而西方所推行的修正资本主义（modified capitalism）试图在弱者有所依靠的前提下继续使能者有所长，也就是继续甚至更加倚重商业群体即企业家。参与商业活动的企业家个体，也是和环境相互

---

① John Dewey, "Liberalism and Social Action", in Jo Ann Boydston, ed., *The Later Works*, Vol. 11 (Carbondale and Edwardsville, IL: Southern Illinois University Press, 1987), p. 53.

作用的有机体，其经营行为绝非被动地在经济的汪洋大海里随波逐流，尽管对整个大环境了解有限，但也不会鲁莽盲目、一意孤行。对于企业家尤其是优秀的企业家来说，他固然只是为了营利，但也正是为了营利，他会一方面适应环境，另一方面积极地改变或调整外部环境，使经营所得与外部环境、社会需求相协调，否则他将在充满风险的经济活动中无法营利乃至生存。在杜威的话语里，前一种态度被称为"'顺应（accommodation）'是行为的一种特殊模式，主要是消极的，会沦为宿命论的认输或屈服。还有一种……更积极，不是调整我们顺应环境而是调整环境使其满足我们的需要和目的，这种态度我叫作'适应（adaptation）'。……这两种态度合起来我称之为'调适（adjustment）'。这是一种追求我们完整的有机体整体的变化的意志，而不是寻求任何特殊变化的意志"①。经营活动也是一种社会探究（inquiry），必须使用一种"科学方法"或"实验方法"，如同做实验一样，依靠实际取得的效果指引经营者的工商活动，经营者会自动、灵活地收集一切有利于经营的信息，再根据实际情况调整自己的经营行为，以使企业尽可能获取最大利润。随着信息的增多和经营者经验的丰富，他最终会变得理智和有计划性。20 世纪后期西方出现的理性预期学派和实验主义非常类似，它相信企业行为一开始的确会出现鲁莽揣测的情况，但随着时间的推移，经营者会不断调适，最终使经济活动趋于平稳。因此，如果采取实验主义的方法和探究的态度，那么在经济生活中，企业家就不

---

① John Dewey, "A Common Faiths", in Jo Ann Boydston, ed., *The Later Works*, Vol. 9 (Carbondale and Edwardsville, IL: Southern Illinois University Press, 1987), pp. 12 – 13.

可或缺。①

杜威虽非经济学家，但想必对此也是认同的：一方面"现存的社会制度只有通过那些不受现行标准左右的人的不懈努力，才能得到改进"②；另一方面，这些人从事的正是诸多具有创造性的实验工作。他们"不是为了个人利益，而是为了追求一个能够更充分、更持久地服务于所有人福祉的目标"③。

最后，如果说真有杜威式的资本主义或者名曰"公共社会主义"④的话，那么它的经济体制应该如图3-4所示。无论是企业家还是劳动者，他们的"共同经验被思考、传递……把共同的活动转化成利益和努力的共同体，……这种行为共同体被在可分享的意义

---

① 企业家的功能是："通过利用一种新发明，或者更一般地利用一种未经试验的技术可能性，来生产新商品或者用新方法生产老商品；通过开辟原料供应新来源或产品的新销路和通过改组工业结构等手段来改良或彻底改革生产模式。……从事这样的新事物和建立一种截然不同的经济职能是困难的，首先是因为它们不属于人人懂得的日常事务，其次是社会环境抗拒这种新事物。抗拒的方法多种多样，根据社会条件不同而不同，从简单地拒绝投资生产新产品或拒绝购买新产品，到对试图生产新产品的人进行人身攻击。在熟悉的标志灯的照明范围之外，满怀信心地敢作敢为，并克服那种抗拒，需要目前只有少数人具有的显示企业家风格和企业家职能的智力与才能。这个职能主要不在于发明某种东西或创造供企业利用的条件，而在于有办法促使人们去完成。"（〔美〕约瑟夫·熊彼特：《资本主义、社会主义与民主》，吴良键译，商务印书馆，1999，第210~211页）甚至对于社会主义，其"真正开路人不是宣扬社会主义的知识分子和煽动家，而是范德比尔特、卡内基和洛克菲勒这类人"（〔美〕约瑟夫·熊彼特：《资本主义、社会主义与民主》，吴良键译，商务印书馆，1999，第214页）。

② John Dewey, "Experience and Nature", in Jo Ann Boydston, ed., *The Later Works*, Vol. 1 (Carbondale and Edwardsville, IL: Southern Illinois University Press, 1983), p. 169.

③ John Dewey, "Ethics", in Jo Ann Boydston, ed., *The Later Works*, Vol. 7 (Carbondale and Edwardsville, IL: Southern Illinois University Press, 1985), pp. 230-231.

④ John Dewey, "Individualism, Old and New", in Jo Ann Boydston, ed., *The Later Works*, Vol. 5 (Carbondale and Edwardsville, IL: Southern Illinois University Press, 1984), p. 90.

方面的共同利益融合和调节"①，而后这个基于共同利益与合作的共
同体将企业和工业作为社会的工具，生产的产品使社会全体成员共
享，并在满足物质需求的基础之上进入更加高级的生活阶段。这便
是工具主义在资本主义经济领域的运用。

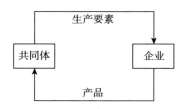

图3-4　"公共社会主义"经济体制

二　实验主义对经济学改造的启示

在前文考察的基础上，我们就经济学的中心问题，将实验主义
与西方主流经济学——20世纪80年代以来复兴的新古典经济学——
的相应观点做一对照。可以发现，如同改造了传统哲学一样，实验
主义也能够推动对传统主流经济学的改造。

（一）为什么生产的改造

古典经济学：在功利主义的基础之上，每一个经济主体，不管
是群体还是个体，都尽可能地获得最大效用。"生产活动单纯是为了
产品，……促进了粗俗商业主义的出现。功利主义尽管也对纯正的
社会目的感兴趣，但它培育了一种新的阶级性的追求，即资本主义
对占有财产的追求。"②

---

① John Dewey, "The Public and It's Problem", in Jo Ann Boydston, ed., *The Later Works*, Vol. 2
(Carbondale and Edwardsville, IL: Southern Illinois University Press, 1984), p. 331.

② John Dewey, "Recontruction in Philosophy", in Jo Ann Boydston, ed., *The Middle Works*, Vol. 12
(Carbondale and Edwardsville, IL: Southern Illinois University Press, 1979), p. 184.

新经济学:"经济组织在人类生活中的最终定位,是为了提供一个稳定的基础——在其之上个体的潜能将会有序表达,非经济的需求将会有效满足。……使理智、审美和友谊等生活的价值基于其上。……财富是通向高品质生活的必由之路。"① 经济活动的本质将不是物质的,而是伦理的。生产什么应该有利于"通往更高生活可能性、通往特殊人类关系的人类生活……形成更高级、更完善的人类统一体,从而实现人的个性"。② "生产的终极目标是人的生产。……商品生产是次要的和辅助的。"③ "民主有许多含义,但如果它有道德意义的话,那就是所有的政治制度和工业组织的最高检验标准,都应当以对社会成员的完满生长所做出的贡献而建立。"④ 生产是服务社会的手段,是发挥个人创造力的机会,而不是个人享乐的方式。在此认识的基础之上,"伦理法则将被用于生产领域"⑤。

(二) 生产什么的改造

古典经济学:依据货币选票,也就是依据需求。

新经济学:依据需求,但不完全被动地依赖需求,而是重视供需双方的相互作用;必要的时候,国家力量可以介入市场,或者供

---

① John Dewey, "Liberalism and Social Action", in Jo Ann Boydston, ed., *The Later Works*, Vol. 11 (Carbondale and Edwardsville, IL: Southern Illinois University Press, 1987), p. 62.

② John Dewey, "The Ethics of Democracy", in Jo Ann Boydston, ed., *The Early Works*, Vol. 1 (Carbondale and Edwardsville, IL: Southern Illinois University Press, 1969), pp. 247 –248.

③ John Dewey, "The Economic Basis of the New Society", in Jo Ann Boydston, ed., *The Later Works*, Vol. 13 (Carbondale and Edwardsville, IL: Southern Illinois University Press, 1988), p. 320.

④ John Dewey, "Recontruction in Philosophy", in Jo Ann Boydston, ed., *The Middle Works*, Vol. 12 (Carbondale and Edwardsville, IL: Southern Illinois University Press, 1979), p. 186.

⑤ John Dewey, "The Ethics of Democracy", in Jo Ann Boydston, ed., *The Early Works*, Vol. 1 (Carbondale and Edwardsville, IL: Southern Illinois University Press, 1969), p. 248.

给一方可以积极创造需求。[1]

（三）怎样生产的改造

古典经济学：生产者之间的竞争。"因为财产可以通过自由竞争而不是政府的维护获得。"[2] 具体的衡量标准是"帕累托最优"——某人状况得到改善的前提是必须损害其他人的利益。换言之，如果存在某人的状况改善而没有损害其他人的利益，那么此人状况的改善就是合理的和应该的，也意味着该状况没有达到最优，还有改善的必要。建立在功利主义基础上的古典经济学正是以此为标准，确定生产资源在不同生产者之间如何分配的。它把生产者看作孤立的个体，强调他们固有的生产和创新的权利，重视各生产者拥有资源的平等性和公平性。具体来说，如果一个生产者占有或增加某种生产资源而没有损害其他生产者的利益，那么该生产者就可以继续占有或增加这种资源，也就是说还存在改进的必要，因此个体之间的均衡和公平就是社会的最优状态。

可以举一个简单的例子来说明这一最优过程。

设想某一社会通过既定资源生产两种产品 X 和 Y，这两种产品的所有组合就构成了生产可能性曲线，代表的是该经济体能够生产和提供的物品和劳务的最大数量，如图 3 - 5 所示：

图中横轴为 X 商品数量，纵轴为 Y 商品数量。曲线 e 为生产可能性曲线。曲线 e 有两个特点：其一，向右下方倾斜；其二，向右上方突出。这两个特点可以由数学工具推导出来[3]。

---

[1] 比如乔布斯创造出智能手机。

[2] John Dewey, "Recontruction in Philosophy", in Jo Ann Boydston, ed., *The Middle Works*, Vol. 12 (Carbondale and Edwardsville, IL: Southern Illinois University Press, 1979), p. 184.

[3] 参见高鸿业主编《西方经济学》（第 2 版），中国人民大学出版社，2000，第 391 ~ 392 页。

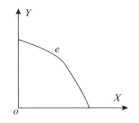

图 3 − 5　生产可能性曲线

接下来的问题是，在两种商品的数量组合中，什么样的商品数量组合或者说哪一点最好。最佳点只能在 e 线上。因为其左侧是低效率区，而右侧是不可能达到的区域。根据古典经济学理论，生产可能性曲线上的任何一点都是合理的，意味着资源得到恰当的利用，包括极端的情况。

但如果将社会生产看作一个联合的整体而不是生产者各自为政、自由放任，那么就会有一个最优结果。

利用价格机制，设 X 商品的价格为 P_1，Y 商品的价格为 P_2，则最佳的生产点应该在斜率为 $-P_2/P_1$ 的直线即直线 $P_1X + P_2Y = C$ 与曲线 e 的切点 E 上，如图 3 −6 所示：

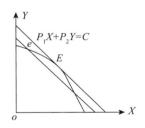

图 3 − 6　联合与计划性思想下的生产最优

$P_1X + P_2Y$ 组合代表了一定的产值。在所有和曲线 e 有公共点且斜率为 $-P_2/P_1$ 的直线中，$P_1X + P_2Y = C$ 在最右侧所代表的产值最大，因此 E 点是生产可能性曲线上产值最大的点，也是能够带给消费者最大福利的点。原因很简单：如果曲线 e 上存在其他点带来的福利最大，那么用 E 点上一部分就可以换回该点全部产品组合，结果仅凭这部分就可以获得最大福利，而剩余部分又进一步增加了福利，这显然是矛盾的，因此能产生最大福利的只能是 E 点。

这种办法有两个特点。首先是联合，"即在共同的交往和行动里联合起来，以便更好地实现那些因共同参与而得到扩大、得到确证的各种各样的经验形式"[1]。因此，"新的生产力以合作的方式受到控制和使用"[2]，它不再把生产者看作孤立的个体，而是在联合的基础上通力合作，以获得从社会整体来看最好的结果。

其次是有相应的调节和控制手段即价格机制，这是一种实验主义的方法，用此方法可以从总体上对生产进行改进使之成为受到干预的计划性（planning）经济。它采用的是"近似于在研究上使用的科学方法，在长远的社会计划的发明和规划上使用工程思维。用原因和结果来考虑社会现实，用手段和后果来考虑社会政策"[3]。"意味着智慧通过最广泛的合作性的授与受（give and take）的交流形式释放出来。"[4] 所谓"授与受"，在经济学中就是卖和买、供给和需求，它们是在经济领域相互作用、沟通和共享的表现形式，经济产出正是通过供求和价格的相互调节实现的。当然，这种关系"同时也意

---

[1] John Dewey, "Recontruction in Philosophy", in Jo Ann Boydston, ed., *The Middle Works*, Vol. 12 (Carbondale and Edwardsville, IL: Southern Illinois University Press, 1979), p. 197.

[2] John Dewey, "Individualism, Old and New", in Jo Ann Boydston, ed., *The Later Works*, Vol. 5 (Carbondale and Edwardsville, IL: Southern Illinois University Press, 1984), p. 40.

[3] John Dewey, "Liberalism and Social Action", in Jo Ann Boydston, ed., *The Later Works*, Vol. 11 (Carbondale and Edwardsville, IL: Southern Illinois University Press, 1987), p. 52.

[4] John Dewey, "The Economic Basis of the New Society", in Jo Ann Boydston, ed., *The Later Works*, Vol. 13 (Carbondale and Edwardsville, IL: Southern Illinois University Press, 1988), p. 321.

味着对科学和技术的信赖与利用"①。

（四） 为谁生产（分配）的改造

古典经济学指出："按每个人通过他的能力、精明和由于继承财富获得有利的经济地位，以及每一个增加其协商力量的其他因素所能获得的，给予回报。"② 具体来说，就是根据生产要素的付出情况进行产品分配，经济收入的目的就是获得效用。但由于古典经济学的哲学基础是功利主义，它将个体看作孤立的原子，同时又采用衡量事物本身而不是后果检验的办法，个体效用既不可衡量，也不能在成员之间相互比较，所以什么是对社会最好的状况无从得出，对于极端的分配不公和方向性偏离亦不能说明其不合理之处。

新经济学：用尊重替代了单纯效用的获得。追求什么是好的社会条件？什么样的生活标准是必需的或者说有益于社会？例如，美国教育系统所关注的不是培养多少天才，也不倾向于某些阶层；而是给予所有人最低限度的教育，以及有可能的进一步的教育，因为进一步的教育是所有人获得幸福所必需的。同样，经济分配不仅要求使人免受饥饿而且要使现代文明生活的舒适成为可能。③ 目标是明确的，运用后果检验的方法是可行的，所以对于什么是好的分配结果是可衡量的。贫富分化是不允许的，但也不意味着平均分配；强调整个社会的利益，但也不允许损害个人利益。

---

① 孙有中：《美国精神的象征——杜威社会思想研究》，上海人民出版社，2002，第 180 页。

② John Dewey，"Ethics"，in Jo Ann Boydston，ed.，*The Later Works*，Vol. 7（Carbondale and Edwardsville，IL：Southern Illinois University Press，1985），p. 408.

③ John Dewey，"Ethics"，in Jo Ann Boydston，ed.，*The Later Works*，Vol. 7（Carbondale and Edwardsville，IL：Southern Illinois University Press，1985），p. 410.

三 "不可能性定理"的改造

下面我们再尝试采用实验主义的协商和沟通方法,探究整个社会能否达到和谐的福利状态。

社会福利状况,是用社会福利函数来表示的,也就是在已知社会所有成员对于不同产品的个人偏好次序的情况下,通过一定的程序,把各种各样的个人次序偏好归结为单一的社会偏好次序。这能否做到呢?经济学家阿罗证明,在能被一般人接受的条件下,这是不可能做到的,即"不可能性定理"或"阿罗定理",下文将举例说明。

设想一个家庭的成员分别是丈夫、妻子和小孩,在某一天某个时段选择看电视节目。假设这个时段的三个频道分别播放三类节目——足球比赛、电视剧和动画片,而且假定这个家庭只有一台电视机,在各人都有节目偏好而争执不休的情况下,根据多数人统治的民主观,采用投票的方法以及少数服从多数的原则,确定全家该看哪个节目。同时假定每个人在各种状态的态度上没有差异,也就是在喜欢的状态中能够明确更喜欢什么。每个人的偏好还具有"传递性",即如果他偏好 a 甚于 b,偏好 b 甚于 c,那么他必然偏好 a 甚于 c。

根据以上条件,列出这家人的节目偏好(见表 3-1)。为便于统计,将各种状态用数字表示:最喜欢记 2 分,一般记 1 分,不喜欢记 0 分。

表 3-1 公共选择举例

电视节目	丈夫	妻子	孩子
足球比赛	最喜欢 2	不喜欢 0	一般 1

电视节目	丈夫	妻子	孩子
电视剧	一般 1	最喜欢 2	不喜欢 0
动画片	不喜欢 0	一般 1	最喜欢 2

现对每种状态进行投票，得分最多者被定义为整个家庭的偏好，该节目予以播放，全家观看。结果是每个节目所得分数都是 3 分，也就是说，在民主的条件下，按照投票的大多数规则，不可能得出合理的社会偏好次序：比赛甚于电视剧，电视剧甚于动画，动画又甚于比赛，偏好成了循环。换句话说，此时不存在社会福利函数。当然，也可以采用"独裁"的办法，比如小孩受到溺爱，那么就将他的偏好作为家庭偏好；或是采用随机确定——抓阄或抽签——的办法，这时候个人偏好就是社会偏好，否则为了体现公平，就只能什么节目都不看。

但是，上述两种情况存在很大的局限性，它们所形成的"社会"偏好次序并不能真正反映社会偏好，社会福利函数应当适用于所有类型的个人偏好。于是，就一般情况而言，有了阿罗不可能性定理：在非独裁的情况下，不可能存在适用于所有个人偏好类型的社会福利函数。

通俗一点讲，即在个人偏好不同的情况下运用民主的办法分配社会资源，就会出现众口难调的局面。

但是，一旦采用实验主义的沟通、协商以及促使各成员形成共同利益等"理智"的方法，这个问题就不是绝对无解的。在上述例子中，家庭成员可以采用协商、相互妥协的办法，如丈夫可以说服老婆、孩子，如果答应自己看完这场比赛，他可以暑假时带领母子二人到某地旅游，或是买衣服玩具；妻子如果得到电视剧的观看权，也可以承诺给父子二人做可口的饭菜；小孩也可以日后取得良好的考试成绩来换取动画节目的播放权。总之，通过对话、沟通和协商等创造性民主方法，可以找到让各方接受的方案。这是一种智慧的方法，而如果一味地强调程序上的"公平"，就只能在无休止的扯皮中使资源白白浪费掉，最终得到的是零和结局，谁也得不到好处。

对照杜威提出的创造性民主，阿罗定理所依据的"民主"，实际上遵循着一种一元论，在此之下，多样的目标追求被掩盖和混淆，虚假的统一性受到推崇，这种统一性宣称自己代表的是所有人的利益，暗地里却将少数人的意愿当作全社会的目标强加给所有人。它假设所有人都在声控范围内，当听到声音之后能马上一致地回应，因为他们都有灵魂。实际上，使所有人的偏好一致，并得出所谓的社会福利函数既不可能也没有必要，这根本就不是民主的观念，而恰恰是专制的理想。因为民主最鲜明的体现就是每个个体都是独一无二的，追求多样性不是对民主的背离，而是民主最为可贵的品质和最为丰富的内容。要让所有人保持一致，除了将每个个体看作千篇一律的原子并运用威权强制统一之外，根本就没有第二种方法；一味地追求程序上的"公正"也不是民主，而只是一种作茧自缚的机械论。

因此，作为生活方式的民主（采用沟通和共享的方式）所展现的智慧要高于作为政治方式（所谓多数人的统治）的民主，它能解决后者所不能解决的问题。对于真正的民主来说，根本不存在所谓的"不可能"，作为生活方式的"民主的基础是对人性所潜藏的才能的信赖，是对人的理智和对集中的合作性经验之力量的信赖"①。

---

① John Dewey, "Demorcracy and Educational Administration", in Jo Ann Boydston, ed., *The Later Works*, Vol. 11 (Carbondale and Edwardsville, IL: Southern Illinois University Press, 1987), p. 218.

因而必然采用智慧、合作和共享的方法，在此之下所有问题都有解。

四　杜威的经济动机观

早期的经济自由主义强调人的利润及利己动机，认为个人追求自我利益的动机将大大地释放生产能量，以至于产生越来越多的富足感。但他们没有预料到，生产手段和分配的私人控制会极大地影响大众在工业以及文化领域的有效自由。19 世纪早期自由主义者设想的全人类自由并没有出现，出现的是少数人拥有权力的时代。当利己动机支配下的自由主义被当作永恒真理固定下来时，在现代又被既得利益者当作维护自己利益与地位的手段，用以反对社会进一步发生变化。

在此基础之上，杜威强调："也许所有问题中最重要的问题就是正确的看法问题。如果经济活动支配了生活——如果经济秩序主要依赖于利润动机（有异于职业优秀动机，如技术，也和给予所得到的以公平回报的实用动机不同），那么就有一种危险，即生活的某一部分成了至高无上的东西，其实它本来应该附属于或充其量和其他价值、兴趣相协调的。"① 如果财富和物质成了人们主要乃至唯一的兴趣和动机所在，那么生活中某些宝贵的东西，如爱、亲情、友谊、正义、知识、美，就会消失。杜威借 Tawney 之口不无揶揄地说：

> 在这样的观念推动之下，人们变得不信教、不相信智慧、不喜欢艺术；因为它们意味着对约束的接受。但是，他们的确

---

① John Dewey, "Ethics", in Jo Ann Boydston, ed., *The Later Works*, Vol. 7 (Carbondale and Edwardsville, IL: Southern Illinois University Press, 1985), p. 436.

会变得强大和富裕。①

这并不意味着让从事商业和拥有企业的人放弃利润动机，也不是让消费者过一种苦行僧般的禁欲生活，它的意思是：专门依靠利润动机和财富的最高重要性，就会扭曲人们对生活的正确看法。理性的做法是将两者有机结合起来，即把金钱作为获得好生活的途径。

实际上，杜威认为经济生活中并不全是利润动机，很多人"希望日子过得去，希望享受生活，养活家人，得到他人的陪伴，希望从他人那里得到一种适当的赞赏。他们把这些看得比赚钱更重要。……是特定的环境而不是人性中固有的某些东西使一些人如此看重获取——无论是金钱还是以金钱为象征的权力的获取"②。

此外，还有"一定数量的人在观察、实验与数学计算中找到释放精力与兴趣的出口。……相当多的发明都不是出自赚钱的爱好，而是类似于一种恰当地释放精力的内在驱动"③。现代经济增长大部分应该归功于科学指导下的发明，但真正的科学家很少以利润为出发点。④

利润与利己动机消除后，将有助于实现团结与联合，这样的经济形态被称作"公共社会主义"⑤。笔者在这里借用凯恩斯在《我们

---

① John Dewey, "Ethics", in Jo Ann Boydston, ed., *The Later Works*, Vol. 7 (Carbondale and Edwardsville, IL: Southern Illinois University Press, 1985), p. 437.

② John Dewey, "Ethics", in Jo Ann Boydston, ed., *The Later Works*, Vol. 7 (Carbondale and Edwardsville, IL: Southern Illinois University Press, 1985), p. 282.

③ John Dewey, "Ethics", in Jo Ann Boydston, ed., *The Later Works*, Vol. 7 (Carbondale and Edwardsville, IL: Southern Illinois University Press, 1985), p. 283.

④ John Dewey, "Ethics", in Jo Ann Boydston, ed., *The Later Works*, Vol. 7 (Carbondale and Edwardsville, IL: Southern Illinois University Press, 1985), p. 404.

⑤ John Dewey, "Individualism, Old and New", in Jo Ann Boydston, ed., *The Later Works*, Vol. 5 (Carbondale and Edwardsville, IL: Southern Illinois University Press, 1984), p. 98.

子孙后代的经济前景》（载其论文集《劝说集》）中的一段文字来描
述这一愿景：

　　假设一百年以后，我们所有人的生活……要比现在……好
上百倍，假定没有大战，没有人口的巨大增长，那么，经济问
题是可以解决的……这就意味着，经济问题不是——如果我们
面向未来的话——人类永久的问题。

　　……因而，人类自从诞生以来第一次面临真正的、永久的
问题——如何利用他摆脱了紧迫的经济压力的自由、如何支配
科学和福利将会给他赢得的闲暇时间，过着智慧、和睦、美好
的生活……

　　当积累财富不再具有重要的社会意义的时候，道德准则将
会发生巨大的变化。我们能够摆脱两百年来困扰我们的许多道
德原则……

　　对于生活水平远远超过满足基本生活需要的国家而言，最
深层的经济问题不是如何生产、生产什么和为谁生产，而是为
了什么目的？即使在达到高度富足充裕的世界之前，我们也可
以用一分智慧和一些幸运为所有的人提供像样的生活水平，并
且消除极端悬殊的不平等状态。

　　最后，我们可以像马丁·路德·金那样说，我们也怀有一
个梦想。这个梦想就是东方和西方都可以利用市场的显著效率，
服务于人道的社会目的。①

---

① 〔美〕保罗·萨缪尔森、威廉·诺德豪斯：《经济学》（第 12 版），高鸿业译，中国发展
　出版社，1992，第 1495～1497 页。

第四章 改造政治

　　除非哲学家成为我们这些国家的国王，或者我们目前称之为国王和统治者的那些人物，能严肃认真地追求智慧，使政治权力与聪明才智合而为一……否则的话……对国家甚至对全人类都将祸害无穷，永无宁日。①

——柏拉图

　　杜威认为，在资本主义社会中显然不存在真正的经济自由，即便存在也是少数人的自由，对多数人而言，经济自由不存在或微乎其微；同样，政治社会中也出现了这种情况，使个人自由大大削弱。于是政治改造的问题被尖锐地提出来：首要的问题——除此之外都是细枝末节——就是"究竟是由美国人民控制我国的联邦、州和市县政府，使其服务于全体国民的福祉与安宁，还是继续让一小撮有权有势的富豪集团来掌控，并且任由他们利用一切行政与立法机关服务于自己的目的"②。

---

① 〔古希腊〕柏拉图：《理想国》，郭斌和、张竹明译，商务印书馆，1986，第217页。

② John Dewey, "The Irrepressible Conflict", in Jo Ann Boydston, ed., *The Later Works*, Vol. 6 (Carbondale and Edwardsville, IL: Southern Illinois University Press, 1985), p. 149.

第一节　政治现状与改造目标

一　现状——有名无实的民主

在杜威所处的时代，美国的民主政体饱受质疑。它最初是由真正的共同体生活即地方性的小规模联合体发展而来的，当时主要的产业是农业，生产方式以手工为主，而凡是建立在农业基础上的联合体总是稳定的，因为不同于商业，土地是固定的。在美国，早期典型的社会生活是拓荒式的，这种看似散漫和自由的生活需要个人的努力、智慧、技能、创新和适应性，但更需要邻里之间的交往与互助。一个小镇或再大一点的区域，就构成了一个政治单元，乡镇会议是开展政治活动的机构，讨论的公共事务包括道路、学校和社区的和平。每个州都是这些小单元的总和，联邦又是所有州的总和。这些机构最初被设想为一整套自治共同体的集合，包括什么可以实现、什么可以达成和解。

以公共教育系统为例，在殖民地时期，很多居民事先就彼此认识，在相当荒凉或近乎荒凉的地方定居。出于利益和宗教的考虑，人们希望他们的孩子能够掌握阅读、写作和计算方面的能力。能够请得起家庭教师的居民少之又少，于是某一地区的邻里之间组织起来，成立了一个"学区"，他们找人或是亲自修建教室，组建委员会并聘请教师，通过征税支付教师的薪资。习俗决定了学习课程的针对性，教学方法受传统的影响很大，当然也会因为教师个人的洞察力、创造性和技巧而改变。后来，这些地区的荒野渐渐地被开发，道路（铁路和公路）连接成网，原来分散的共同体联结起来，大城市出现，学生学习的内容变得更加广泛，教学方法也更仔细地被审查。州作为更大一级的政治单元向学校提供经过培训的教师，后者的任教资格要经过严格的测试与认证。共同体的模式变得更加复杂。

随着问题的不断出现，政治结构和法律制度也应运而生，并日益加固了以前只有非政治的工业化方式才能运行的渠道，交通运输、商业、通信、电报和电话、报纸使人与人之间的交流更加频繁、联系更加紧密，技术为观念和信息迅速而又自由地流通提供了便利，使人们参与或开展了持续的、复杂的交互活动，使共同体面对面的限制被彻底打破。相比之下，政治和法律形式却显得零碎和滞后，远远没有跟上技术前进的步伐，这是美国社会出现诸多问题的原因之一，而新的政治联合体的出现显得日益必要。当然，政治一体化的加剧，不可避免地会促进社会和文化方面的统一，使其越来越趋向于标准化和统一化，以致忽视了不同类型的人们可能具有不同的价值。现在的问题是，在依靠技术和知识将人们聚集在一起、组成统一体的同时，人的个体性应该得到保留。

然而政治现状却是：立法机关制定法律的同时又大量地舍弃它们；政府官员忙于实施；法官忙于处理堆积如山的案件，却不见其代表的普通大众。公众看似存在，却又不知身在何处，自己扮演的角色到底能值几何。原本珍惜自己的选举权和被选举权的人不断减少。为了阻止这一趋势，很多措施已被推行，但似乎收效甚微。这样的声音不绝于耳："投不投票难道有什么不同吗？无论如何，事情还是老样子，我的投票能改变什么吗？"① 还会有人补充："这不过

---

① John Dewey，"The Public and It's Problem"，in Jo Ann Boydston，ed.，*The Later Works*，Vol. 2（Carbondale and Edwardsville，IL：Southern Illinois University Press，1984），p. 309.

是一场有人得势、有人失势的游戏，选举造成的唯一不同，就是谁得到了工作、拿到了工资以及分到了政治权利。"① 更有人断言，政治活动的整个体系就是一把保护伞，掌握政治实权的大财阀安居其下。日常生活秩序主要由商业决定，任何想要阻止或改变其进程的努力都是徒劳和无济于事的。不论是大众、激进的社会主义者还是有大的商业利益和金钱利益的人们，都接受了这种经济决定论的信条。尤其是后者，他们坚信繁荣是国家最大的需要，而自己就是"繁荣"的提出者和捍卫者，应该拥有权利，是政治组织的决定者，民主党和共和党作为他们在政治上的代表，不断地壮大自己的力量和稳固自己的地位。这种集权运动已经到达一定程度，以致任何第三党只能处于一时的、不稳定状态，民众也想不出别的办法来选举官员和处理政府事务。"每个有个体性意识的选民，不是靠个人意愿来做出有效的选择，而是浪费了自己拥有的神圣权利，把票投给了完全陌生的人；这些都是党派会议这一老早就有了政治倾向的幕后机器精心为他们设计的选择。"② 而那些自诩能够在两党之间做出选择的人，看似有着高度的自由，但这种所谓的自由和个人主义的信条根本就不是一回事。亚里士多德的名言"自然害怕真空"在政治生活中发挥着作用：当公众变得茫然无措和不确定时，政治生活其实已经远离了他们，这时候老板们就会用他们的政治机器来填补政府和公众之间的真空。

遇到的另一个困境是，选出的代表并没有根据宣称的义务而对

---

① John Dewey, "The Public and It's Problem", in Jo Ann Boydston, ed., *The Later Works*, Vol. 2 (Carbondale and Edwardsville, IL: Southern Illinois University Press, 1984), p. 309.

② John Dewey, "The Public and It's Problem", in Jo Ann Boydston, ed., *The Later Works*, Vol. 2 (Carbondale and Edwardsville, IL: Southern Illinois University Press, 1984), p. 310.

全体选民负有责任，立法领域的"分肥政治"（pork barrel）① 已经是有目共睹的事实，以至于候选人对选民负责的情况都成了引人注目的新闻。造成这种状况的原因其实很明显：选民由相当松散的群体构成，他们的政治观念和政治信仰在两党选举中大多是不确定的，甚至在政治活动最为激烈的时刻，只要靠人为地临阵磨刀，他们的观点就会被集体潮流淹没，而不是凭借独立的个人判断清醒地做出抉择。对于一个竞选者来说，决定他命运的既不是他政治上的出色表现，也不是他的政治缺点，当普遍的潮流支持或反对一个政党拥有权力时，单个的候选人只能随波逐流。"有时候，确实存在普遍的公共情感，有确定的趋势支持'进步的立法'，或者渴望'回归常态'。但是即便如此坚信他们对于全体选民负有责任的那些候选人中，只有极为优秀的人才能成功。因为'浪潮'淘掉了其中的一些沙砾，'山体滑坡'使一些人流入了政府部门。在其他情况下，习俗、政党的资金、机构管理者的技巧、一本正经的候选人肖像、他的可爱的妻子和孩子，以及大量不相关的因素，决定了选举的进程。"② 这些熟悉的场景导致了公众的冷漠，表明公众如此迷茫，以致不能找到自己。

公众的迷惑与冷漠反映出一个事实，那就是真正的社会力量被一群训练有素的专家导向了非政治事务，而政治问题已经由过去形成的组织和观念按照新的情况来进行处理，情况已经非常紧急，由于重要的政府事务是如此的复杂，当然应该由专家正确地进行处理。

---

① John Dewey, "The Public and It's Problem", in Jo Ann Boydston, ed., *The Later Works*, Vol. 2 (Carbondale and Edwardsville, IL: Southern Illinois University Press, 1984), p. 311.

② John Dewey, "The Public and It's Problem", in Jo Ann Boydston, ed., *The Later Works*, Vol. 2 (Carbondale and Edwardsville, IL: Southern Illinois University Press, 1984), p. 311.

一种迷信思想认为，公众可以决定整体社会政策的形态和实施。这要归咎于政治机构和政治信仰形成的那个年代：当时科学和技术还不成熟，找不到一套确定的技术解决确切的社会问题和满足社会的需要。

在 20 世纪的美国，人们关心的可能是公共卫生、公共健康、明亮宽敞的住宅、交通、城市规划、移民的监管和分布、人力资源的选择和管理、正确的教学方法和合格的师资管理、税收的科学调控、社会资金的有效管理等。这些都是技术问题，都是可以通过调查事实来解决的，只是这种调查只能由那些具备专业知识和技能的人来进行，自然调查的结果也只能被训练有素的专家应用；另外，政府组织的做事方式又是大多数人所决定的。两相结合，"公众和出于政治目的的政治组织就不仅是一个幽灵，而且是始终阴魂不散的幽灵，以可怕的方式模糊、迷惑和误导着政府行为"①。

不同于相互隔绝和彼此孤立的传统社会，在现代社会，相互关联和相互作用产生了间接的、广泛的、持久的和重大的结果，使公众在控制这些结果方面有着共同利益。但是，一方面这种间接的后果是极其容易扩张、加速的，已经形成了广泛、稳固的行为联合；另一方面这种联合的基础却不是一个共同体——尽管它是非个人的，以至于由此产生的公众无法识别自己。如果说政治有什么紧迫问题的话，那就是要探讨公众理念和公众利益受到了怎样的遮蔽。其中，依照民主观念组织起来的公众是最重要的，要求用现存的社会资源去处理问题。或者问题可以被归结为：为什么肢解了以前小共同体的大社会，却没有产生出一个"大共同体"（great community）？

---

① John Dewey, "The Public and It's Problem", in Jo Ann Boydston, ed., *The Later Works*, Vol. 2 (Carbondale and Edwardsville, IL: Southern Illinois University Press, 1984), p. 313.

　　杜威通过第一次世界大战的记录说明：现存的政治和法律形式及设置是能力低下的，因为它们是政治国家和不适应政治形式的非政治力量运作的结果。具体说来，非政治力量的操作已经扭曲了政治体系，使之偏离了方向，现在需要的是"非政治力量组织起来，改变现存的政治结构，使分裂的、处于困境中的公众能达到完整"[1]。复杂的、相互依赖的各种社会因素的后果表明，要进行监管是非常困难的，大多数社会部门都难以在行动的时候预料到产生的后果，尽管已经置身其中。它们可能做出一个短暂的、临时的决定，但无法处理和适应这些事务；其在控制性的操作行为中充当了不幸的主体，感到束手无策，就像农民无法控制气候变化一样。很多后果只能被"感觉到而非意识到"[2]，因为它们不能被置于其中的人们认识到根源，即是说，它们并没有掌握问题，更不用说建立引导社会行为并据此管理它们的机构了。工业社会的问题真是太复杂了，社会形势已经被工业时代的因素改变了太多，以至于传统的一般原则已没有什么意义。工业和商业的发展使事物变得复杂化，那种一刀切的、普遍适用的判断标准在现实中变得不再可能。一个特别体现应用中后果的转换例子，就是个人主义在历史发展过程中的出现。"个人主义"原本标志着反对政府对工业与贸易的干预，但随着政权带有了工业属性，它就成了既得利益者的知识堡垒，并打着"自由"的旗号，寻求个人在生产、繁荣、契约和金钱上回报的自由。这个字眼除了在美国作为党派的旗帜，具有一定的进步性之外，在其他

---

① 　John Dewey, "The Public and It's Problem", in Jo Ann Boydston, ed., *The Later Works*, Vol. 2 (Carbondale and Edwardsville, IL: Southern Illinois University Press, 1984), p. 315.

② 　John Dewey, "The Public and It's Problem", in Jo Ann Boydston, ed., *The Later Works*, Vol. 2 (Carbondale and Edwardsville, IL: Southern Illinois University Press, 1984), p. 317.

大多数国家都代表着既得利益群体，他们反对政府的监管。

　　同样地，公众这个概念也传达了无数人的自我空虚感。政治活动的规模和后果，使人们开始怀疑政治行为的效率，感到自己被卷入了能够席卷一切的力量中，既不能理解，也不能掌控，甚至专家们也很难找到内在的因果关系，而只能发挥一下马后炮的作用。

　　尽管如此，现代工业对专业管理人员的需求却与日俱增，工业上的配置和利用已经变成了政治讨论的问题，很多问题涉及科学、工农业和财政，是具有技术性的，有多少选民能够综合和衡量所有因素来做出正确的抉择呢？尽管所有的政策后果要切实影响大多数人，但是大量的技术细节，很快会使一般选民感到厌倦。"社会事务在公众面前是如此广泛、如此复杂，牵扯的技术问题是如此专业，细节又是如此的繁复和多变，无论给公众多少时间，他们也不可能掌握和识别它们。"[1] 公众太过分散，成员结构又太过复杂，使其不太可能被联合成一个整体。

　　在管理公众事务方面，以前拥有最成功的政治生活的国家曾经分化出一个特殊的阶级，他们把公共事务转化成自己的事务，他们的做法和亚里士多德设想的一致。后者认为，有资格处理和他人相关的政治事务的人，必须是超脱的人，本身不被任何事情所羁绊，尤其是被谋生所羁绊。很长一段时间以来，这些话都被认为是迂阔之论，然而到了现代社会，政治生活证明它是对的，那些在政治生活中留下光彩记录的人，往往都是绅士，他们拥有足够多的财富和金钱，而且拥有足够多的闲暇时间，以至于如果再追求这些东西，就显得低俗和掉价。不过在当代，工业洪流是如此的巨大有力，很

---

① John Dewey, "The Public and It's Problem", in Jo Ann Boydston, ed., *The Later Works*, Vol. 2 (Carbondale and Edwardsville, IL: Southern Illinois University Press, 1984), p. 320.

少有人能够超然物外——人人都有自己的事情要做，如果非要说有的话，那就是一些无所事事的人。人们往往把时间、精力和金钱投入娱乐和工作中去，而不是政治社会，在相当大的程度上，公众已经沉沦。尽管有了前所未有的交流工具，但与它们匹配的思想和抱负却从未得以传播。没有传播，公众就将继续沉沦，虽然偶尔也会追寻自己，但往往只闻其声而不见其人。除非大社会转变为大共同体，否则公众的沉沦将一直持续。

二 改造目标——迈向伟大共同体

尽管美国在建国伊始就提出公民享有追求幸福、自由和免于恐惧的权利，这些权利是造物主赋予的、不可转让的；内战期间更是声称政府是民有、民治和民享的，然而随着公众的遮蔽，民主观念并没有真正融入实际生活和人类关系中去，它依然是贫瘠、空洞的。要真正实现民主，就必须影响所有形式的人类联合体，如家庭、学校、工业、宗教，使之在更加健全的机制下运行。换言之，民主的观念必须依靠民主的实践来实现，而不是民主的观念本身促成了一些西方国家政府的实践，如普选制、选举代表制、多数人决定原则等。民主观念虽在一定程度上确实影响了具体的政治行动，但并没有引发"政治运动"①。社会主导权之所以能从忠实于传统的那些人所支持的家庭和王朝转移到民主政府，主要是因为技术发现和发明改变了人们一直维系的习俗。在民主政府，人们所习惯的种种形式代表着大批事件积累后的结果，其影响是不可预料的。现代民主制度和原则都不是先天性概念的产物，而是经验河流冲刷沉淀的结果，

---

① John Dewey, "The Public and It's Problem", in Jo Ann Boydston, ed., *The Later Works*, Vol. 2 (Carbondale and Edwardsville, IL: Southern Illinois University Press, 1984), p. 326.

每个波浪都对先前的习俗和法律产生了冲击。就算事后追溯的经验能够给予一些帮助，也很难设计出这样一种框架：在它下面，各种需要都能够被很好地满足。即使对于最聪明的人来说，先天的框架也不过是一种终极的真理教义，而不是社会实践的指南。

在实验主义看来，方法作为一种假设，应该服务于所要达到的目标。民主的目标就是政府的存在是为了服务于共同体，为实现这个目标，共同体本身应该参与政府官员的选举，并且制定政策。民主的机制应该确保公众的利益成为政府活动至高无上的指导和标准，使公众更权威地形成和展示其目的。这一目的的"主要困难在于，必须提出一套方法，通过它们，使分散的、流动的、多样的公众能够识别自己，并表达自己的利益。在政治体系里，这一探究的过程必须优先于任何机制内的基本变化"①。问题的症结就是创造一定的条件，使"大社会"变成"大共同体"，而不是考虑什么样的（现成的或是历史上存在的）政治机构和模式符合目的需求。

创造社会条件可以从两个方面来考虑。从个体角度看，首要的是突出个人责任，根据个人能力去帮助和指导所在群体开展活动，并根据群体价值的需要参与其中；从群体角度讲，群体成员潜能的释放要与群体的利益保持一致。"既然每个个体都是分属不同群体的，那么在不同群体和其他群体相联系的过程中，个体能够灵活、充分地相互作用，否则上述规范是不能实现的。……一个好的公民，作为政治团体的一员，他会发现，通过参与家庭生活以及工业生产、科学以及艺术联合会的活动，自己的行为丰富多彩。这就是一种自由的'予（give）'和'取（take）'：因为不同群体之间的相互影响

---

① John Dewey, "The Public and It's Problem", in Jo Ann Boydston, ed., *The Later Works*, Vol. 2 (Carbondale and Edwardsville, IL: Southern Illinois University Press, 1984), p. 327.

及其结果加强着彼此的关系，并且大家的价值一致，因此，完整的人格是有可能获得的。"① 在此基础上的联合行为和共同生活也就是可能的。"无论在哪里，只要联合的活动结果被每个参与其中的沟通看成是好的，或者那里的善能够激发出一种积极的意愿和努力，而且其益处能为所有人分享，此时共同体就形成了。而对共同生活的明晰意识，形成了民主的观念。"② 在此基础之上生发出"目标和方法，凭借它们，未来的经验得以丰富发展。而其他社会道德的基础是：认为经验在某些时候受制于某种外在的控制，受制于据说是外在于经验的某个'权威'"③。经验的发展又会带来更多的共同利益。"民主……相信经验过程能产生科学，……科学释放了人们呼唤新事物的情感、需要和愿望。……民主的任务就是不断地创造更加自由、更为人性的经验——这个经验人人分享、人人贡献。"④

既然如此，那么与传统的民主概念相联系的信条和观念在被解释成联合体的标志和特征，并且能够识别共同体的定义性特征时，才有值得延续和继承的意义，否则，平等、自由、博爱等都是一些毫无希望的抽象概念。

就人类身体结构的本性——就像男人和女人结合，就像婴儿找

---

① John Dewey, "The Public and It's Problem", in Jo Ann Boydston, ed., *The Later Works*, Vol. 2 (Carbondale and Edwardsville, IL: Southern Illinois University Press, 1984), p. 328.

② John Dewey, "The Public and It's Problem", in Jo Ann Boydston, ed., *The Later Works*, Vol. 2 (Carbondale and Edwardsville, IL: Southern Illinois University Press, 1984), p. 328.

③ John Dewey, "Creative Democracy—The Task Before Us", in Jo Ann Boydston, ed., *The Later Works*, Vol. 14 (Carbondale and Edwardsville, IL: Southern Illinois University Press, 1988), p. 229.

④ John Dewey, "Creative Democracy—The Task Before Us", in Jo Ann Boydston, ed., *The Later Works*, Vol. 14 (Carbondale and Edwardsville, IL: Southern Illinois University Press, 1988), pp. 229 – 330.

到乳头，乳房会自动地满足他的需要一样——而言，联合是自然而然的事情，如同原子、星体、细胞那样。同时还因为外部环境及其压力，就像原子因电荷而结合，或者像绵羊挤在一起抵御寒冷一样。除了这些自然和本能的因素，人类还会观察、思考、总结，其思想会转化成情感与利益。因此，"联合行动或者共同行动是创建一个共同体的条件。在其中，联合体本身是实体性的、有机的，而共同生活是关于道德的，也就是说，是靠精神、文化和意识来维系的"①。

对于人类来说，"我们"和"我"同样自然，是不可避免的。当然，"只有当联合行动的后果被感知并且成为意愿和努力的目标时，'我们'和'我们的'才会存在，就像在共同行为里，个人独特的部分能够被有意识地申明和宣称时，'我'和'我的'才会出现"②。当所有社会成员拥有共同的目标时，会自然而然地形成共同意愿和社会意识（general will and social consciouness），也就是代表共同活动的个人欲望和选择，通过符号，与所有参与其中的人进行交流和分享。通过交流与相互作用、相互影响，产生了相互依存的结果。共同的活动转化成利益和努力的共同体，思想也被转化为欲望和目的。共同体使能量转化为一种意义，参与联合行动的每个人都认可并努力成就这种意义。而且这种意义在每个人参与联合行动时，还会彼此影响。联合行为实体的、有机的阶段会向行为共同体转化，最终可以实现民治。

因此，每一个社会成员、每一个经验个体，应该"通过交流过

---

① John Dewey, "The Public and It's Problem", in Jo Ann Boydston, ed., *The Later Works*, Vol. 2 (Carbondale and Edwardsville, IL: Southern Illinois University Press, 1984), p. 330.

② John Dewey, "The Public and It's Problem", in Jo Ann Boydston, ed., *The Later Works*, Vol. 2 (Carbondale and Edwardsville, IL: Southern Illinois University Press, 1984), p. 330.

程里的'取'和'予'发展出应该有效的观念——如何成为共同体里的独特个体。作为共同体的一员，理解和欣赏共同体的信仰、欲望和方法，并为有机力量进一步转化为人类资源和价值做出贡献。这种理解永远不会终结。人类的原罪感，也就是人性之冥顽不化的东西始终存在，当获得结果的方法是暴力而不是交流和启蒙时，原罪感就会出现。而且，当人类共同生活产生的知识和使用工具的技能被用来服务欲望和冲动，而无法整合为能分享的利益时，原罪感表现得愈加微妙和为祸愈大"①。共同体也使成员之间的相互依赖性更强。对此卢梭指出，相互依赖提供的情形，使强者或更有能力者有可能利用它，甚至甘冒风险为达到目的剥削他人，从而使其他人处于被当作有生命的工具来利用的从属状态。他的建议就是回到隔离和独立的自然状态，但这种方法是毫无意义的。杜威主张，唯一可能的解决办法就是完善意义的交流手段和方式，以便相互依赖的行为后果中真正的、可共享的利益可以激发欲望和努力，从而指导行动，使大社会更有活力地接近伟大共同体的状态。而在吸取了无数的经验教训之后，实验主义意识到，联合行为无限扩张的、复杂多样的后果在"社会"这个词的意义上正逐渐被理解，有组织的公众终究会形成。人类的探究活动能够发展出一种微妙的、精致的、生动的、智慧的交流艺术，并随着持续地完善而成为一种生活方式，而不是一个暴政的主人。民主会日益完善，因为它代表着一种能够自由、充分交流的生活。当自由的社会探究不可分割地融入丰富而动人的交流艺术中的时候，个体的潜能就会得到充分的释放。个体既能实现个人化的自我，为群体做出独特的贡献，又能以自己的方

---

① John Dewey, "The Public and It's Problem", in Jo Ann Boydston, ed., *The Later Works*, Vol. 2 (Carbondale and Edwardsville, IL: Southern Illinois University Press, 1984), p. 332.

式享受联合的成果。换言之，每个人都是丰富多样的共同体中的一员。

第二节　关键——公众还是精英统治？

一　幻影公众？

当然，和杜威的乐观主义不同，同时代的美国著名政治评论家李普曼认为，现代民主三原则（民有、民治和民享）中，民治亦即公众直接统治是不可能的，公众仅仅是一个幻影（phantom）。他在《幻影公众》一书伊始就指出：

> 当今的普通公民就像坐在剧院后排的一位聋哑观众，他本该关注舞台上展开的故事情节，但却实在无法使自己保持清醒。他能感觉到自己正受到周围所发生的事件的影响。……然而没有证据证明这些公共事务关他什么事，那几乎是他无法触及的。如果他们确实存在，那么，一定是在远离他生活的地方，被无从知晓的幕后力量掌控着。作为一位普通公民，他不知道究竟在发生什么，谁在操控着一切，自己将被带向何方。①

寥寥数语已经道出普通公民的尴尬处境。在理论上，民主意味着民有、民治和民享，然而冰冷的现实体验，让人们明白这种理论上的主宰权只是一个幻影，实际上根本无法主宰。经历了这一切之后，公民明白自己在公共事务中扮演的根本就是一个无足轻重的角

---

① 〔美〕沃尔特·李普曼：《幻影公众》，林牧茵译，复旦大学出版社，2013，第3页。

色，甚至是虚妄的。由此导致全体民众对参与政治事务的冷漠，他们的消极又导致宪法、国家、政党体系、总统更迭、私有制等饱受诟病。甚至有人断言："多数永远不能实现自治。"① 个体不知道怎样处理公共事务，不知道正在发生什么、为什么会发生、将要发生什么。

然而，李普曼又认为，政治也不全是一片灰暗，毫无希望，正是无知的混合体给予公共事务以持续的引导力量。在公民投票的那一刻，他忽然成为一名具有智慧和公益精神的选民，甚至能够洞悉哪个政党更适合执政，并把自己的选票投给它。尽管普通公民对实际的政治操作知之甚少，甚至一窍不通，但通过现代民主机制，他可以轻而易举地找到代理人——投下手中的一票，剩下的就由他选出的代理人去费心劳神了。

> 实际上，社会治理是由专职人员完成的，他们对大量的问题进行安排和处理。这一过程普通公民几乎无法触及。在漫长的选举间隔期，社会治理是政治家、官员以及一些有影响力的人来做的事情，他们与其他政治家、官员和有影响力的人达成一些共识。公民大众只是偶尔了解、评判或影响他们达成的某些共识。它们实在是太多、太复杂、太晦涩难懂了，无法成为公众舆论持续关注的主题。……现代社会作为一个整体，既不能被所有人看得见摸得着，也无法让所有人都能搞清楚它是如何持续发展的。②

---

① 〔美〕沃尔特·李普曼：《幻影公众》，林牧茵译，复旦大学出版社，2013，第 8 页。
② 〔美〕沃尔特·李普曼：《幻影公众》，林牧茵译，复旦大学出版社，2013，第 24~25 页。

因此，只有对相当规模和复杂性进行了深入调查的代理人才能够理解事件的细节。或者说"在公民个人和他所处的大环境之间必须插入某种形式的专门知识"①。而如果所有人都时刻为国家大事而思虑谋划，那么很显然，世间的其他具体工作就没人做了。人们不会从社会整体角度去考虑具体问题，做这些决定的时候，他的选择非常有限，只有少量解决方案可以选择，只会产生一个最终的结果，而且是具体明确的。既然如此，那么做具体事情的人和把握全局的人之间是有巨大差别的。"人们能够说出一些偶尔体现出具体行动的公众意愿，却无法将公众意愿付诸行动，并使之成为行政行为。……我们中的每一个人都永远处于这一领域的外围。我们的舆论意见……总是……停留在试图从外部控制他人采取行动的层面上。"② 必须摒弃民主治理能够直接表达公民意愿的观念，必须摒弃民众统治的观念。取而代之的是，"通过偶尔动员大多数人，人民可以支持或反对实际掌权的个别人。我们必须承认，公众意愿并不直接参政，而只是偶尔介入"③。他们并不了解局内人掌握的事件的具体情况，而只能看到事件的轮廓，大概知道自己的立场在哪里。在社会行动过程中，公众在演出的第三幕时才到达，待闭幕离场后，只要能辨别出谁是好人、谁是坏人，就已经足够了。只有问题演变成危机时，公众才会干预，目的是缓解危机。即使这样，在绝大多数情况下，公众并不知道危机中的真理和正义是什么，因而也就无法形成合理正确的统一意见。

不过，公众并非无足轻重，公众舆论是一种储备、一种动力源

---

① 〔美〕沃尔特·李普曼：《公众舆论》，阎克文、江红译，上海人民出版社，2002，第297页。

② 〔美〕沃尔特·李普曼：《幻影公众》，林牧茵译，复旦大学出版社，2013，第33页。

③ 〔美〕沃尔特·李普曼：《幻影公众》，林牧茵译，复旦大学出版社，2013，第40页。

泉，它能够在公共事务演化为危机时，转化为行动的力量。"尽管它自身是一种非理性的力量，但在相应机构的运作下，在适当的引领和调教下，公众舆论能够让遵循法律的人们运用它反对暴政。……可以遏制非法力量，从而为制定法律提供必要的环境。……公众舆论的最高理想是保护那些为反对强制力量而随时准备依据理性采取行动的人。"① 公众可以支持那些对专制统治提出挑战的人，并给予有能力的专业人员以大力支持。因此，政府是由公众指派的代理人，专门处理各种问题，公众支持和帮助他们拿出最好的方案，实现互利共赢。

为了维护这一体系，应该制定一系列规则，也就是明确规定各方权利与义务的社会契约，否则人类社会相互冲突的各种利益诉求会使问题源源不断地产生。对于公众来说，自己的利益并非体现在准则、契约和习惯之中，而是体现在对它们所组成的体系的维护过程中。他们"关心的是法律体系，而不是具体的法律；关心的是法律的运行方式，而不是法律针对的具体情况；关心的是契约的神圣，而不是契约的细节；关心的是风俗习惯建立的基础，而不是这个或那个风俗。自始至终，人们需要找到一种'妥协方式'来积极面对各种事物；需要建立有效的规则来定义和预知他人的行为，以便及时调整自身。公众通过支持、反对、选举、罢工、联合抵制或联合支持等方式施加影响，而这样做的前提是，有人支持旧的规则，或者有人提出新的规则，否则公众的影响力便无从施展"②。

要使公众最大限度地发挥解决公共问题的作用，就要先回答下列两个问题：

---

① 〔美〕沃尔特·李普曼：《幻影公众》，林牧茵译，复旦大学出版社，2013，第45页。
② 〔美〕沃尔特·李普曼：《幻影公众》，林牧茵译，复旦大学出版社，2013，第73~74页。

第一，规则有缺陷吗？

第二，如果规则需要修订，又如何选择修订规则的代理者？

对于第一个问题，一开始就要将假借大众之名的利己之人排除在外，因为他们喜欢假装根据公众的需求行事，实则按照自己的喜好歪曲规则，以致大众的观点被搞得含糊不清。当然，李普曼说，这样并不是反对私人利益，也不是隐藏或审查个人利益，而是因势利导。一个简单且有效的办法就是借助公开辩论。通过辩论，公众也就是利益攸关方会越来越倾向于解决问题，因为问题的中心和其切身利益息息相关；而对于旁观者，随着辩论的不断深入，无论是兴趣还是判断能力都会渐渐减弱，如此就逐渐分辨出来了，而公众由于受到利害结果的吸引，参与热情也随之提高。尤其是在与许多人密切相关的事件中，公众就更有必要介入了，因为这类事件不仅影响大，而且需要动员尽可能多的公众，从而制定一个和平解决的方案。

但是，当公众真正置身于事件中时，会发现掌握规则是如此之难。他们常常错判了相关力量的平衡变化，或者忽略了某个要点和相关环境，再加上规则本身的调节性低，存在内在矛盾，或者普遍规则不能运用到具体事件中，从而使他们无从判断，于是问题又回到公众的局限性上。公众因能力有限，很难判断规则的缺陷，而不得不求助于代理人，以共同完成这项工作。绝大部分问题都在这些专业人士的能力掌控范围内，普通公众只能了解到一星半点，局外人则跟随在掌握大局的人身后。

但是，如果各利益相关方无法达成一致，如果问题演变成持久性的危机，反对势力将会争取公众站在自己一方，而公众也会在执政党和在野党之间做出选择。①

　　尽管党派人士都习惯将执政和在野势力描述得好像存在根本差异，但事实证明，在稳定而成熟的社会中，两者之间存在差异是很有必要的（否则就不能做出调节）。因为如果不是这样，选举的失败将是令人难以承受的，失败者将会不择手段地蓄意谋反，而胜利者会不惜一切代价去保住江山。

　　在民主国家，选举只意味着政治事务的管理者中出现了一些新面孔，以及政务管理的基调会略有差异。但是，相对朝野双方在绝大多数问题上的相互认同、既定习惯和不可避免的共存需要，这些不同的倾向实在是微不足道。事实上，只要选举没有产生任何激进的结果（像纳粹上台那样），国家政局就是稳定的；如果规则是清晰明了的，其合法性没有受到挑战，对规则的违背以及违规者的辨别也是清楚的，那么谁是公众值得支持的人这种问题就不复存在。

　　在法律运行良好的情况下一切都不成问题，但是用于调节的规则一旦缺失，人们就会迷失在各种言论的迷雾之中，公共机构无法解决那些最让人头疼的问题，这时候公众会被迫做出决定（如1991 年，苏联进行公投决定是否保存联盟）。事实上公众并不清楚新的规则是否行得通，这一过程很有可能因无知的、粗暴的、缺少目的性的干预而成事不足败事有余。公众根本没有能力驾驭这些规则去处理公共事务，对于他们来说，最明智的选择就是什么都不要做。就像一个正在接受手术的病人的家属，无论他们多么心急如焚，都不能试图冲进手术室参与抢救，那样只会让事情更糟。同样，公

---

　　① 这一点在以后的历史中得到充分的展示：自罗纳德·里根以来的美国每一届总统选举，只要执政党在执政期间出现问题，在野的候选人都会不遗余力地向选民反复提出那个著名的问题："你们是否比四年前过得更好？"

众如果能在事情非常复杂、关系非常微妙而难以理解的时候克制自己，保持中立，要比盲目地参与进来好得多，否则只能是一头雾水、稀里糊涂。由此可见，公众参与公共事务的程度非常有限，根本原因在于他们的判断能力有限。当然，公众的参与范围可能随着新的、更易于识别判断的标准被构想出来，或随着人们在专业实践中专业能力的提高而不断扩大。在 20 世纪 50～60 年代，只有少数专家才可以操作计算机，但在 21 世纪，这已是人人皆可掌握的基本技能。但是，如果没有检验，或者检验无法被运用，或者关于讨论的价值是一元的，那么旁观者主动采取的行动都只能是帮倒忙。"公众的职责就是保持开放的思维，并耐心等待结果。一个有价值的检验方法，其本身就可以判断公众是否应该干预进来。"[①]

那什么是有价值的检验方法呢？在一个变化的世界里，没有什么规则可以永远适用，只能设定一些大的原则。其中首要的当然是规则必须清晰明确，包含着对自身充分的解释，对自身修订的可能性，以及提出修订意见的可预知性，这些标准可以用来评估规则的前景，尽管它们只是规范程序。一项改革如果能够经得起这些标准的检验，它就很有可能得到公众的支持。

当然，制定这些标准只是作为讨论的一个基础，仍然需要特定的公众舆论原则来更加细致地进行规范。

这些原则如下：

1. 能具体执行。公众不能直接参与其中，而只能作为外围的支持力量。

2. 可以洞察问题的内在价值。这一条同样不适合公众直接参与。

---

① 〔美〕沃尔特·李普曼：《幻影公众》，林牧茵译，复旦大学出版社，2013，第 102 页。

3. 对问题进行预测、分析和决定。也不适合公众直接参与，他们的判断力只能停留在一些简单而细小的事实环节。

4. 掌握与问题密切相关的、专业的技术性标准。对于公众就不用说了，他们只能将注意力集中在程序的合法性上，以及公开的、外在的参与行动上。

5. 公众依据局内人的行为样本做出判断：争论各方是如何行事的？是遵循已有的规则还是自行其是？

6. 选择合适的样本，以便帮助公众识别哪些是理性行为，哪些是专断行为。

7. 为了实现社会总体目标，无论在制定、推行还是修改规则的过程中，都应该遵循固有的程序。

> 构想出选择样本的方法，定义判断的规则，是政治学者的任务。训练公众掌握这些方法，是民主国家公民教育的任务。重视并采纳这些方法，是社会制度设计者的任务。①

由此可见，在李普曼眼里，社会各成员所扮演的角色是明显不同的，哪怕是在一个共同体内，民主社会要求他们各司其职、各尽所能，而不要试图将普通公众培养成为全能的人。传统民主概念的虚假之处是它混淆了局内人和局外人之间的区别，不切实际地希望局外人能像局内人那样处理实在性问题，真正实现民有、民治和民享。但很可惜，人们做不到。"没有任何教育方案能够预先教会他处理所有人类遇到的问题；没有任何宣传机制、教育机构能够预先告

---

① 〔美〕沃尔特·李普曼：《幻影公众》，林牧茵译，复旦大学出版社，2013，第104～105页。

诉他，危机中采取行动的细节和所需的专业知识。"① 之所以产生这种幻觉和误解，是因为传统的民主理想过于观念化，它想当然地将公众笼统而又模糊地设想和浓缩为"一个人"、一个抽象和理想化的"人"，他扮演着全能和一体化的角色。他的想法就是所有人的想法，他的行动就是所有人的行动。这严重地混淆了职能和专业训练的区别，甚至抹杀了每个个体的独一无二性。事实上，局内人和局外人有着根本差别，这不是因为前者天赋更高，而是因为他们被置于能够清楚地了解事情的来龙去脉并采取行动的位置上；而后者在触及问题本质时，往往是热情的、间歇性的、简单化和表面化的。培养公民和公民意识的教育应该从公职教育中分离出来，公民权和公共事务完全是两个概念，思维方式和行为习惯完全不同，将两者混为一谈的虚假民主理想只能将社会引向理想幻灭和暴政出现。将社会想象成一个有机体，只有一种声音、一个灵魂，目标统一、行为整齐，实际上否认了社会是由各种复杂的关系组成的，只是讲述了各种各样的关于社会、国家、共同体的神话，进而试图将公众训练成为社会目标的代理人，将其简单化为"不可分割的大众（undivided mass）"。所谓公众就是个体的简单相加。实际上，对于一个真实的个体来说，由于他不懂医药，自然要充分相信医生；由于他不会驾驶机车，自然要充分相信驾驶员。那么当他不懂如何判断工业法案的优劣时，有什么理由不相信议员们呢？因此"必须把真实的民主从还未成熟或还没有足够知识来进行自我统治的大众的手中拯救出来，大型的现代社会需要公正无私的专家"②。

如同杜威一样，李普曼也对旧自由主义进行了批评。后者追求

① 〔美〕沃尔特·李普曼：《幻影公众》，林牧茵译，复旦大学出版社，2013，第 106 页。

② 〔美〕约翰·邓恩编《民主的历程》，林猛等译，吉林人民出版社，1999，第 167 页。

一种公正无私的感知，这种感知存在于每个人心中，具有普遍性和世界性，但其忽视了一个事实，即公众在任何情况下都只是非直接的相关者，只能支持某个特殊的行动者。由于自由主义不能拿出将现实中的个人目标融合成同一目标的解决方案，它只能是一种不具备实体的哲学思想。当公众作为一个整体采取行动时，对具体事件不会产生实质性影响，哪怕是粗略地决断。当公众过于庞大时，问题会无望地纠缠在一起，无法找到解决方案。面对如此复杂的情况，公众除了偶然表达自己支持或反对某个权力政体的观点之外，更多的只能是默默忍受。因为有机体理论本身就是一种集权思想，是意志在事务中的具体实践。在这种情况下，个体必然会失落。

只有尊重个体，人类才能从有机体的迷雾中走出来。他将会被告知：是个体在思考，而不是人类；是画家在创作，而不是绝对精神的艺术；是商人在进行贸易，而不是市民社会；是士兵在战斗，而不是国家。当个体行为影响越来越多的人时，他就逐渐成了一个局内人。人们只专注于与自己利益最为密切的事情，个体劳动者的价值在于他们的努力可以不断提升整个社会的生活水平，并在个体之间的关系和相互作用的基础上形成社会。公众的任务就是制造舆论，作为一名个体参与其中，可以恰当地梳理这些关系和作用。

二　杜威的回应

针对李普曼的言论，杜威指出，幻影公众理论的核心就在于局内人与局外人之间的区分。但是，"所谓'知情者'不仅仅是政治知情者，而且是政府管理者和机器管理者，但是他们在很多方面又都是局外人"①。杜威在此并没有否定"局内人"这个概念，但问题是，以为存在固定的、熟悉所有领域的全能的人的想法，只是一个幻影。以上文提到的医生和司机的例子为例，医生仅仅在健康和疾病领域（而且往往局限于这个领域的分支领域，如外科或内科）有发言权，对于法律或者国防可能就一无所知了，此时他就成了地地道道的局外人，不得不依靠这些领域的专家，其他社会成员处境亦然。所谓局外人和局内人的区分完全是相对的和具体的，大多数社会成员既是局外人又是知情者，这取决于具体领域，但就整个社会而言，一定是整体来处理这个整体内部的事，因此公众是存在的。

同时，局内人确实可以帮助公众更好地了解情况、做出决策和制定方案，但是，"你可能会被这个事实震惊，即李普曼先生没有提到的，通过专业的活动和利益，在功能上组织不同社会的理论"②。换句话说，专家也有自己的利益需求，一旦他们出于私利而进行取舍，突出一些东西，或隐瞒一些东西，公众岂不处在合法的欺骗之下而浑然不知？久而久之，当公众之外的局外人充满了无知、偏见、轻浮、妒忌时，就没有能力参与政治事务，而只能被动地服从专家的统治。资产阶级的统治，可能脱离公众，而专家的统治则无法施福祉于所有阶层。只有当统治者成为社会利益最大化的推动力时，规则才是起作用的，这意味着他们必须和公众结盟，也意味着与后者分享政府权力。专家必须被假设为既明智又仁慈，也就是说，公共政策已经被设计出来并真正维护了社会各方的利益。然而贵族政

---

① John Dewey, "The Democracy in Practice", in Jo Ann Boydston, ed., *The Later Works*, Vol. 2 (Carbondale and Edwardsville, IL: Southern Illinois University Press, 1984), pp. 216 – 217.

② John Dewey, "The Democracy in Practice", in Jo Ann Boydston, ed., *The Later Works*, Vol. 2 (Carbondale and Edwardsville, IL: Southern Illinois University Press, 1984), p. 217.

体的历史表明，当公共事务被一群精英（他们也许是品质高尚和出类拔萃之辈）把持的时候，公众往往是很少发声的。没有可靠的力量保证他们垄断的知识能被运用于公共事务上。从这个角度来讲，他们变成了一个专业阶层，人为地关闭了知识本应该服务于社会需求的大门。

事实上，即使作为局外人，即使对于事物性的认知是模糊不清的，对于共同利益的认知也是清楚的，因为这是可以通过后果感知到的。穿鞋的人没有专业鞋匠的知识，但对于是否夹脚以及哪里夹脚一定是清楚的。公众可以讨论和宣传，可以对公共事务是怎样的予以澄清，也可以经常性地介入局内人的工作，加入一方而反对另一方，以此评判那些粗糙和公然的行为，并通过外部行为对内部集团施加影响。当然，公众这样做不是乱打一气，而是有所依据，其标准就是公众能够借此区分出"哪些群体的政策是为了维护公共利益，而另外一些集团仅仅是为了谋求一己之利。能够做出这种区分的关键是看哪个派别愿意把他们的主张诉之于众，并且最大限度地遵守公开的后果"[1]。在专家统治下，如果大多数人没有机会向专家表达他们的诉求，那就只会出现寡头统治，代表少数人的利益进行管理。"启蒙运动的一个重要特征就是必须使管理专家考虑到公众的利益诉求，毕竟这个世界遭受的祸害更多的还是来自于统治者，而不是大众。"[2]

现在需要做的是改进辩论、讨论和说服的方法和条件。专家在

---

[1] John Dewey, "The Democracy in Practice", in Jo Ann Boydston, ed., *The Later Works*, Vol. 2 (Carbondale and Edwardsville, IL: Southern Illinois University Press, 1984), p. 216.

[2] John Dewey, "The Public and It's Problem", in Jo Ann Boydston, ed., *The Later Works*, Vol. 2 (Carbondale and Edwardsville, IL: Southern Illinois University Press, 1984), p. 365.

其中当然作用重大，但是，他们的专业不是制定和执行政策，而是在于发现和认识前者所依赖的事实。他们在科学调查层面上，是技术专家。公众并不需要拥有知识技能展开调查，他们真正需要的是有能力判断其他人提供的有关公共关怀的知识。因为公共判断通常缺乏专业的信息支持，也没有天生的能力弥补事实的匮乏（由此使得专家在这方面的智慧和能力常被夸大），直到保密、成见、偏见、误解、愚昧和虚假宣传被探究和公开的宣传所代替，否则公众没有办法通过现有的智慧判断社会政策的优劣。

况且，人的智力并不是原始的、天生的馈赠，无论先天智力有多么不同，还是要依赖于后天的教育。在拓荒时代，一个优秀的人远比他的同胞优越，但他的知识储备和判断能力在很多方面却远远不及发达时代一个资质平平的人。一个技师可以谈论安培定律和欧姆定律，但牛顿在他的时代却不能如此；很多人可以摆弄无线电，但法拉第在他的时代连做梦都想不到。既然如此，有什么理由相信专家会一直占据"局内人"的位置呢？随着教育的普及和知识的传播，人们的知识会越来越丰富，智力受到的影响越来越直接，处理社会事务的手段就会越来越高明，范围也越来越广。因此，公共知识会随着个人智力和禀赋的增加，通过人与人之间沟通的社会智识，越来越多地进入社会事务领域。

第三节　改造方式——间接的民治

一　政治还有希望吗？

不过话又说回来，在杜威所处的时代乃至 21 世纪，并不能说美国实现了公众的普遍参与，即民治的理想。在杜威所处的时代，尽管选举权日益普及，但没有相应地激发公众的政治热情。相反，更多的是对政治的漠不关心、冷嘲热讽和蔑视。动员人们去投票是一件非常吃力的事情，世界上没有哪个国家像美国那样为政治游说之类的事花费那么多的钱，却没有把投票率提高多少。人们对选举无动于衷，觉得投票得不到什么东西，支持这个党而不是那个党对他们来说没有任何意义，甚至觉得政治本身无甚价值且卑陋低下。政治被如此不堪地看待，以至于有腐败案件发生时，人们也难有强烈反应："你还能指望什么呢？"

　　杜威分析，造成政治冷漠的一大原因可能是不同兴趣的快速增长。他指出："有太多其他令人感兴趣的事情可以去做，去享受。"[1] 男男女女更关心的还是自己的事业和家务，相互竞争（私人之间）的现象日益增多且更具吸引力。当人们在一起聊天聚会时，所谈的内容也许有一件涉及政治事务，但肯定还会有一百件是有关汽车和远足的。政治也许会占据报纸的头版头条，但体育比赛占据的版面更多。较之体育，娱乐的情况也是大同小异，对于普通民众来说，他们对某一部电影或电视连续剧中主人公命运的关心程度，要远远高于对某一部法案的关心程度。这些现象都源于一个事实，"即所有的男人和女人都要为他们自己的事业和家庭事务操心，与以前相比，这类事务更加复杂，处理起来要更加劳人"[2]。

　　除此之外，政府处理的事务也确实比从前更复杂，它们是留给

---

① John Dewey, "Is There Hope for Politics?" in Jo Ann Boydston, ed., *The Later Works*, Vol. 6 (Carbondale and Edwardsville, IL: Southern Illinois University Press, 1985), p. 183.

② John Dewey, "Is There Hope for Politics?" in Jo Ann Boydston, ed., *The Later Works*, Vol. 6 (Carbondale and Edwardsville, IL: Southern Illinois University Press, 1985), p. 183.

专家解决的问题，而专家为数不多。很多作为整体的公共事务是如此的复杂，以至于对普通公民产生的影响并不那么直接明了，于是民众只能无可奈何地把双手一摊，不再关注整体事件。公众利益是如此头绪纷繁，以致一个普通百姓即使有心介入此类问题，也未必知道怎样理智地解决。从个人角度来说，人们知道自己想要什么东西、怎样得到这些东西，然而作为整体，他们对政治事务的厌恶感和不信任感却与日俱增，因为现代社会中的问题所涉及的范围和复杂程度足以把一个才智出众之士搞得晕头转向、惊恐不已，更别说普通老百姓了。结果使得特殊利益集团大行其道，市民对政治事务更加不信任。

既然这样，那政治还有希望吗？还能否使政治成为那些对政府工作已经失去信心和兴趣的公众所关切的事物？这关系着民主的衰退和对其效能的态度问题。有关民主政治的理论基于这种设定：随着选举权的扩大，人们对政府与民众生活发生交集的地方表现出来的兴趣大增，但是现实却与之相反，政府的行动范围越大，其结果越是间接和模糊。

于是可以得出两条结论：首先，大众已经对政治感到不满与不安，他们需要组织与指导，而能够进行指导的力量其实并不缺乏；其次，历史上的重要运动都是少数人的事业。统治者为了推行符合自身利益的政策，大肆推销智力低下的货色，但这不符合实验主义的信条和原则。两相结合，对政治抱有希望并勇于为之奋斗的问题，最终成了这样一个问题："少数人是否具备必要的勇气、信念和乐于奉献的精神，以便从事热忱服务于公众的事业？"①

---

① John Dewey, "Is There Hope for Politics?" in Jo Ann Boydston, ed., *The Later Works*, Vol. 6 (Carbondale and Edwardsville, IL: Southern Illinois University Press, 1985), p. 189.

二　一个代表民众的新党

也就是说，既然公众及其利益不能脱离置于其上的专家统治集团，那么是否可以退而求其次：由直接参与转而寻求一个代理人、由民治转向民享呢？"情况确实表明，一个新的政党的成功创建，也许会成功地恢复人们对于政治行动的信任，恢复人们对通过参与政治生活所产生某种有意义的东西抱有的期待。显而易见，对政治的冷漠，正是对于老的政党的诚意失去信任的结果。"① 从美国的情况来看，现实的确令人失望。人们之所以对两个大的政党不抱希望，是因为他们觉得，两党都是控制着铁路、银行和股份制企业的那股势力的帮佣，其组织的政府是经济特权势力的工具。政治上的无效是经济上控制的症状，政治问题皆源于某种经济事实，它们从实体经济和金融两个方面对那些待在街上、家中和办公室里的人施加影响。如果无法应对后者，就不要忙于解决前者带来的问题，免得白白浪费时间和精力。

美国大多数普通人有充分的理由相信，民主党与共和党都不能代表他或她的利益。共和党与大企业结盟，宣称只要让大企业有钱可赚，就会让大众处于普遍享有的福利状态。大众什么都不用做，只要坐等天上掉下馅饼就可以了。民主党一方面要民众相信其非常"可靠"，一方面又向大企业保证它们会像共和党领袖那样，是个温和的好孩子，以此获得竞选资助，这和共和党别无二致。所以，"不要指望这两个老式的政党……，且不说党魁和官员们的利益已经和企业紧密联系……而且这种联系模式已经塑造了他们的习惯。……

---

① John Dewey, "Is There Hope for Politics?" in Jo Ann Boydston, ed., *The Later Works*, Vol. 6 (Carbondale and Edwardsville, IL: Southern Illinois University Press, 1985), p. 186.

一旦财产利益与民众利益发生冲突，他们的整个思考与行动习惯注定他们会偏向前者。他们也许会让步，但不会改变信念与行动方向"①。产业界引领时代的能力日渐下降并反映在了政治上，日益表现出混乱、困惑、浅薄、无关民生的弊病。"政治即使没有成为大企业利益集团的帮凶，也是它们的附和者。"② 这两个政党代表了这样一个阶段：当时美国因工业发明及其应用、制造业的发展、铁路和商业的发展而使社会不断进步。在这个阶段，美国人赞成利用"看不见的手"对工业和贸易实行自然控制，拥护积累货币资本。这种观念在当时曾经起过巨大的作用。但是到了 20 世纪，继续高扬利润动机，只能使工商业和金融统治者以牺牲普通消费者为代价，来巩固自己的地位，最终使社会的裂痕越来越大。"为了恢复民主，只有一件事至关重要。只有人民掌握了权力，他们才能统治；而掌握权力的程度取决于他们对土地银行和全国生产与分配的控制程度。"③

　　而在不能完全实现民治的前提下，一个新的选项、一种对于新事物的需求，就被提上日程：只有新的政党才能重视并满足这种需求。老的政党虚弱不堪，甚至无法察觉到造成社会紊乱事态的那些条件，其思想与习惯仍然是美国早期社会的产物。而杜威所设想的却是这样一个政党，它将作为主人而不是乞求者进入立法和行政领域。"这个政党将吩咐人们去做一些需要做的、具有根本意义的

---

① John Dewey, "The Need for a New Party", in Jo Ann Boydston, ed., *The Later Work*, Vol. 6 (Carbondale and Edwardsville, IL: Southern Illinois University Press, 1985), pp. 158 – 159.

② John Dewey, "The Need for a New Party", in Jo Ann Boydston, ed., *The Later Works*, Vol. 6 (Carbondale and Edwardsville, IL: Southern Illinois University Press, 1985), p. 163.

③ John Dewey, "Imperative Need: A New Radical Party", in Jo Ann Boydston, ed., *The Later Works*, Vol. 9 (Carbondale and Edwardsville, IL: Southern Illinois University Press, 1985), p. 76.

事情。"①

　　这个政党诉求的对象应该是中产阶级——专业人士、白领，以及农民。② 新的运动应当将目标设定为对资产阶级享有的生活加以保护而使之日益稳固，并扩及另外一些人，他们尚未享受到这种生活带来的文化与经济方面的好处。这样一来就意味着要将精英阶层的生活水准降下来。为了实现经济民主，新的政党应该有能力控制社会资源，实现经济平衡，对商业与金融活动进行监督管理。当这个政党拥有一大批潜在拥护者，这些拥护者的需要和苦难强烈呼唤政治行动时，精力、牺牲的意愿，以及促成那些富于远见和同情心的人携手合作的力量就会充分释放。这种合作是必要的，也是完全可能的，毕竟在将竞争视为圭臬而付出了无数代价之后，人类已学会了合作："人类的一切制度——宗教、政治、法律、婚姻、习惯——以及管理社会、工业和商业生活的无数其他方式……只不过是抵制和击败表现在社会上的竞争原则的许多方法。"③

　　一旦政党意识到这一点，那么"从长远来看占统治地位的经济政治结合体将承担起责任"④。于是，民治就间接却更有效地实现了，正如托克维尔论述的那样：

---

① John Dewey, "The Need for a New Party", in Jo Ann Boydston, ed. , *The Later Works*, Vol. 6 (Carbondale and Edwardsville, IL: Southern Illinois University Press, 1985), p. 167.

② John Dewey, "The Need for a New Party", in Jo Ann Boydston, ed. , *The Later Works*, Vol. 6 (Carbondale and Edwardsville, IL: Southern Illinois University Press, 1985), p. 171.

③ Merle Curti, *The Growth of American Thought* (New York : Harper & Row Publisher, 1964), p. 197.

④ John Dewey, "The Future of Liberalism", in Jo Ann Boydston, ed. , *The Later Works*, Vol. 11 (Carbondale and Edwardsville, IL: Southern Illinois University Press, 1987), p. 95.

　　人民指定立法者和执法者，同时也是由人民自身组成惩治违法者的陪审团。各项制度在原则和其作用的发挥上，都是民主的。因此，人民直接指定他们的代表，并在通常情况下每年改选一次，以使代表完全受制于人民。由此可见，人民是真正的指导力量。虽然政府的形式是代议制的，但人民的意见、偏好、利益甚至激情对社会产生经常性影响，都不会遇到顽固的障碍。①

---

① 〔法〕托克维尔：《论美国的民主》，张杨译，湖南文艺出版社，2011，第120页。

第五章　改造信仰

信仰意味着不担忧。①

——约翰·杜威

通过前文的考察，杜威在经济和政治领域的思想轮廓得以浮现。那就是人类必须追求维护共同利益的参与民主和协作探究，必须追求在社会意义上人的实现，而不是仅仅追求一种增进个人的自由和主动权、维护私人利益的自我实现。为了实现这一目标，杜威强调，一方面，要支持民主社会——无论是经济的还是政治的，要求公民积极参与和投入，防止出现个人主义所主张的那种孤立的存在状态。那些充分享有工业、科技、社会变革的好处而生活舒适的人，有义务去帮助那些还没有受益或远远落在后面的人。另一方面，社会性的人性复兴而非个人性的人的实现，还有赖于一种精神上的信仰作为人们之间联系的纽带，这条纽带最重要的形式就是宗教。但是，杜威不主张全盘接受已有的基督教传统，正如罗蒂所分析的："在三位古典实验主义者中间，杜威是唯一具有真正狂热宗教出身背景的

---

① Max Eest Man, "John Dewey", *Atlantic* 6（1941）: 673.

人，因此可以说是唯一与宗教全面接触的人，他也是唯一受到宗教全力压制的人。"① 这条纽带应该是一条经过改造的纽带，凭借这条纽带和某种同是子民的意识，人类才会克服当代世界中政治的、民族的、种族的以及经济的宗派主义，才能建立完整的人类共同体。

第一节　信仰及其窘境

托克维尔在讨论美国的民主时曾详细地论证了信仰的必要性。在他看来，在各个时代和地域，都或多或少地存在信仰，不同的信仰有不同的产生方式、运作方式和针对性，一个不存在信仰的社会很难繁荣昌盛。因为如果社会成员各走各的路，只遵从自己的想法，做自己的事情，探究自己的真理——也就是说人们如果没有共同思维，就很难团结协作。没有共同思维的成员即使生活在一起，也是一种松散的组合，绝对不能产生向心力和凝聚力。即便对个体来说，也不能没有信仰，依靠这种东西可以随时调整自己的观念。如果没有一些确定的基础性观念，个体对每一种经常用到的真理，都必须亲自求证和检验，那么他的工作量就会大大增加，人在有限的生命中根本无法完成如此海量的工作；而且人被智能所限，也没有完成这些工作的能力。所以，对于个体来说，无论是出于单独生活的考虑，还是为了和他人协作，都不可能没有教条式的信仰。②

在人类社会早期，这种信仰是依赖于宗教产生的。杜威指出：

---

① 〔美〕理查德·罗蒂：《后形而上学希望——新实验主义社会、政治和法律哲学》，张国清译，上海译文出版社，2003，第 85 页。

② 〔法〕托克维尔：《论美国的民主》，张杨译，湖南文艺出版社，2011，第 315～316 页。

　　毫无疑问，宗教曾经被看作赋予人们的生活和生命以统一性和中心的条件和力量。它至少将人们所信赖的那些对象的意义凝聚成一些重要的、共享的象征。正是依靠这些象征，使人们的人生观获得支持并保持稳定。①

　　因此，为了组成一个社会，并令这个社会焕发生机，必须最大限度地发挥宗教的功能，确立一种信仰作为人们思想与情感的统一力量和指导力量，把所有社会成员联结起来。

　　宗教又可归结为一个问题——"存在那个上帝吗?"（Is there the God?）其中的定冠词标示了一种实在性，即必须有一部分文字用于定义和阐明那个作为信仰对象的上帝。这个上帝所标示的有许多形式：亚伯拉罕（Abraham）、以撒（Isaac）、雅各（Jcob）的上帝，亚里士多德形而上学的神，《荷马史诗》中奥林匹斯山上的宙斯，伊斯兰教的真主，阿奎那（Aquinas）的上帝，斯宾诺莎学派的伦理学的上帝，卢梭的萨瓦主教的上帝。②

　　但是，这些都面临着一个"存在"的问题——上帝获得地位的根本前提是必须作为终极的实体而"存在"（exist）。也就是说，"优越而值得我们献身的东西是不是实在的和有多大力量，这要看我们能否证明它事先是存在的，因而如果我们不能像证明日月星辰是存在的那样，证明完善的理想是存在的，那么这种完善的理想便不能对我们提出任何要求"③。否则诸上帝的神殿就会悉数倒塌，很难

---

① John Dewey, "Individualism, Old and New", in Jo Ann Boydston, ed., *The Later Works*, Vol. 5 (Carbondale and Edwardsville, IL: Southern Illinois University Press, 1984), p. 71.

② 中国传统的抽象的"天"也是这样一种类型。

③ 〔美〕杜威：《确定性的寻求》，傅统先译，上海人民出版社，2004，第 306 页。

想象人们会悉心膜拜他们认为"不存在"的东西。于是，绞尽脑汁、竭尽全力地证明上帝的存在就成了僧侣、教士和经院哲学家们压倒一切的头等大事。根据康德的归纳，这大致可以分为三种类型：自然神学的证明、宇宙论的证明和本体论的证明。根据康德的考察，它们无一能够成立。

本体论证明发端于安瑟尔谟和笛卡儿，他们对上帝存在的证明基于一个没有争议的命题——"上帝是一个无与伦比的概念"，而"无与伦比"就包含了"存在"，因此上帝存在是一个分析命题。然而康德指出："一个绝对必然的存在者的概念是一个纯粹理性概念，亦即一个单纯的理念，它的客观实质性凭借理性对它的需要还远远没有得到证明。"① 系词 is 在"上帝是（God is）一个无与伦比的概念"和"上帝存在（There is God）"中的作用是不同的，不能将之混为一谈：前者是逻辑意义上的，只是一个表示判断的系词，并没有给"上帝"增加任何新的内容；后者是本体论意义上的，表示"存在"，而关于某物存在的判断是综合判断，需要经验的内容。而且，前者中的"上帝"是一个观念，而后者中的"上帝"是一个实存，它们不是等同的。就像设想口袋里有一百塔勒钱币，即关于一百塔勒的观念，并不等于实际就存在一百塔勒。所以，"想要从单纯理念中丰富自己的见解，这正如一个商人为了改善他的境况而想给他的库存现金添上几个零以增加他的财产一样不可能"②。在批判这个证明的基础之上，自然神学的证明、宇宙论的证明同样不能成立。

同时，随着工业革命的推进、文化和科学的发展，不少人相信，超自然的东西已经不能再糊弄世人，它们的代表——宗教——也已

---

① 〔德〕康德：《纯粹理性批判》，邓晓芒译，人民出版社，2004，第 471～472 页。

② 〔德〕康德：《纯粹理性批判》，邓晓芒译，人民出版社，2004，第 478 页。

经名誉扫地，到了退出历史舞台的时候了。历史上宗教人物的高尚品质已经不复存在，宗教信念和实践已被人类学和心理学所颠覆——其发端往往关乎人性。

杜威并没有盲目地接受这些观点，甚至全盘否定宗教及其功能。他要把经验的宗教性本质和它衍生的东西区分开来，后者不过是一些累赘，而真正的宗教性的东西一旦摆脱桎梏，就会获得解放，等到那时，经验的宗教性方面将首次凭借自身自由地发展。

具体来说，杜威要区分以下几个概念："宗教"、"某种宗教"和"宗教的"。他的观点是："在可用名词实词指代的任何东西（'宗教'和'某种宗教'——笔者注）与借由形容词指谓的经验属性（'宗教性'——笔者注）是不同的。"① 要找到一个实词意义上的得到普遍接受的宗教定义并非易事——尽管《牛津词典》这样定义："从人这方面承认某种不仅掌控他的命运，而且配享顺服、敬畏和崇拜的信仰对象。"②

首先，这个定义的"看不见的更高权能"是以"众多互不相容的方式构建起来的"③。一旦去除互不相容的部分，具有相同属性的东西便所剩无几。因为这些看不见的更高权能的信仰和观念实在太多了，各个民族、种族、地区、阶层都可以根据社会、自然、人文以及心理上的取向构建出来，它们的依据是各不相同的。不要说种加属差，即使采用家族相似的方式，也几乎不能得出有实质内容的

---

① John Dewey, "A Common Faith", in Jo Ann Boydston, ed., *The Later Works*, Vol. 9 (Carbondale and Edwardsville, IL: Southern Illinois University Press, 1986), p. 4.

② John Dewey, "A Common Faith", in Jo Ann Boydston, ed., *The Later Works*, Vol. 9 (Carbondale and Edwardsville, IL: Southern Illinois University Press, 1986), p. 4.

③ John Dewey, "A Common Faith", in Jo Ann Boydston, ed., *The Later Works*, Vol. 9 (Carbondale and Edwardsville, IL: Southern Illinois University Press, 1986), p. 5.

权能定义。

　　其次，在表达顺服和敬畏方面也是如此。常见的是充满可畏权能、慈爱和智慧的表达方式，但除此之外，还有动物崇拜、鬼神崇拜、祖先崇拜、生殖崇拜等，五花八门、不一而足，至于献祭和仪式就更是多种多样了。

　　最后，宗教诉诸的道德动机也没有可识别的统一性，而是相去甚远：有的是为了躲避无尽的折磨，乞求赐福；有的禁绝肉欲和进行极端的苦行；有的固守贞洁；有的旨在灭绝异端；有的追求人人皆兄弟和渴望正义充满人间。

　　基于以上原因，可以说，没有明确定义的宗教，即作为一个单数存在，有的只是众多的宗教。"'宗教'是一个严格的集合性名词，而且它所代表的这个集合甚至不同于逻辑学课本上的那种集合，它不具备统一或可描述的特征，而是杂七杂八的集合。试图去证明所谓的宗教普遍性，不是过头就是不足。"① 如果说有共同特征的话，那就是这个星球上出现的民族几乎都信奉自己的某种宗教，但从中几乎找不出两个哪怕是相似度较高的宗教。选用某种宗教作为代表也是无济于事的。

第二节　上帝概念的改造、宗教性

　　有鉴于此，杜威提出了"宗教性"这一概念，也就是不再寻求名词性的宗教（无论是单数还是复数名词），而是推出形容词性的宗教概念。即人们对待宗教时，不再寻求宗教"是什么"，而是关注它

---

① 　John Dewey, "A Common Faith", in Jo Ann Boydston, ed., *The Later Works*, Vol. 9 (Carbondale and Edwardsville, IL: Southern Illinois University Press, 1986), p. 5.

"会怎样"；宗教性的本质是它产生的效果，是生活及其条件更好地调适，而非它产生的方式和原因。它的功能——由之而来的安全感和稳定感——决定它的价值，信念和理想如果具备智识和道德的内涵，以至指引和改善经验实在，那么它就是宗教性的。

具体地说，宗教（没有一般意义上的宗教）是一个信念和实践的单元，具有某种或严密或松散的组织。相比之下，形容词"宗教性的"并非指实体性的、凭借自身而存在的事物（无论是制度性的实体，还是信念体系），"也不指代任何能够被组织成一个独特性的和区别性的存在形式的东西"①，而是指可以对每个对象和计划的目的或理想所持有的一种态度。它以各种方式发生在不同的人身上。"它的发生有时候为的是献身某种事业，有时候是开启一段新征程的史诗，有时候就像斯宾诺莎——被其时代的人看作一个无神论者——的情况那样，是一种哲学的反思。"② 在此宗教观念之下，"我们发现了，我们之所以相信许多东西，并不是因为事物就是这样，而是因为我们通过权威的势力，由于模仿、特权、教诲、语言的无意识影响等，而已经变得习惯于这种信仰了"③。

这是一种因对生活过程发生作用而具有宗教性力量的经验，一种获得更美好、更深刻和更持久的生活调适能力的经验，在它之下，当人的本性的尊严立足于更大的合作整体并因此而产生出虔诚情感的时候，相应的信仰就是宗教性的。这种信仰不同于对某种宗教的

---

① John Dewey, "A Common Faith", in Jo Ann Boydston, ed., *The Later Works*, Vol. 9 (Carbondale and Edwardsville, IL: Southern Illinois University Press, 1986), p. 8.

② John Dewey, "A Common Faith", in Jo Ann Boydston, ed., *The Later Works*, Vol. 9 (Carbondale and Edwardsville, IL: Southern Illinois University Press, 1986), p. 11.

③ 〔美〕杜威：《经验与自然》，傅统先译，中国人民大学出版社，2012，第 13～14 页。

信仰，不是对某种超自然权能的宿命论的听从，也不是对外部世界的一种浪漫的理想化，"而是在把自然作为一种整体、我们是其中一部分这种看法的基础上的一种感觉，同时承认我们这些组成部分能够运用智识达到所欲求的目的，在这种信仰的护照之下，诸种条件能够奋力地纳入人类心灵之中，使之产生出更加和谐的职能。这种虔诚是我们生活本身的应有之义"①，是基于人类共同的和自然的那些关系的具有可能性力量的信念和实践体系，把宗教性的东西从宗教中解放出来的意义就在于此。

在新的观念之下，凡是为了某个理想而排除万难，并且深信它的价值而不顾个人得失、毅然决然地投身其中的活动，在属性上都是宗教性的。许多人，如艺术家、慈善家和公民，以及底层社会的芸芸众生，都能够获得自身的这种统一，以及与生存条件的关系的统一，并且会将其推广到更广泛的人群中。这样的信念和以往诸种宗教所宣称的唯有拥有终极理想和超自然权能，事情才能有所推进的理念是格格不入的。与宗教对超自然的神秘力量的膜拜不同，宗教性的价值是经验的，也是自然的。

但凡宗教，都或多或少地利用信念，即知识因素巩固其信仰。比如都坚信自己的教义是"真"的，都拥有被视为神圣的文献、与宗教有效性相关联的历史材料，并发明出使教徒更加虔诚的教义、器具、设施。

作为人们思想与情感的主要统一力量和指导力量……，宗教……在过去的宗教时代，其本身是否真正是人们至今认为的

---

① John Dewey, "A Common Faith", in Jo Ann Boydston, ed., *The Later Works*, Vol. 9 (Carbondale and Edwardsville, IL: Southern Illinois University Press, 1986), p. 18.

那种充满活力的核心力量，也许要打个问号。但毫无疑问，宗教曾经被看作赋予人们的生活和生命以统一性和中心的条件和力量，它至少将人们所信赖的那些对象的意义凝聚成一些重要的、共享的象征。正是这些象征，使人们的人生观获得支持并保持稳定。①

但是，在科学技术与社会发展面前，它们显得不堪一击：现代社会普遍采用政治和宗教分离的方式，使得宗教明显地脱离了社会生活，它用一种纯粹的形而上学和天文学摧毁了古老的宇宙生成论，并且冲击着诸如灵魂升天等信义要素；地质学的发现使创世神话彻底湮灭；生物学不仅给一度在宗教信念和观念中占据中心的灵魂和心灵观念带来根本性变化，还在原罪、救赎和不朽等观念上留下深刻的印记；人类学、历史学和文学批评颠覆了有关基督教的那些历史事件和人物留给人们的印象；心理学正在寻求那些非同寻常现象的自然解释。所有这一切都表明，宗教已经衰落了，"对其衰落的程度无论怎样估计都不为过"②。"全新的探究和反思方法已经成为当今受过教育的人在事实、实在和智识统一方面所有问题的最终裁量者。"③ 在智识领域已经发生了革命。"在这种革命中，每一种失败都能激发新的探究，每一种成功也在开启这新的发现的大门，而且每个发现都是在智识的土壤中播下的一粒能够结出累累硕果的新种

---

① John Dewey, "Individualism, Old and New", in Jo Ann Boydston, ed., *The Later Works*, Vol. 5 (Carbondale and Edwardsville, IL: Southern Illinois University Press, 1984), p. 71.

② John Dewey, "Individualism, Old and New", in Jo Ann Boydston, ed., *The Later Works*, Vol. 5 (Carbondale and Edwardsville, IL: Southern Illinois University Press, 1984), p. 71.

③ John Dewey, "A Common Faith", in Jo Ann Boydston, ed., *The Later Works*, Vol. 9 (Carbondale and Edwardsville, IL: Southern Illinois University Press, 1986), p. 22.

子。人们正在接受一种全新的思维观念：只存在一条通往真理的道路，那就是借由观察、实验、记录和受到控制的反应而运行的、通力合作的探究之路。"①

如果真的存在宗教性的属性和价值，那么该属性和价值并非基于某种作为前件的智识内容，即基于有神论的上帝存在这样的内容。这种观念与其说是基于对某些确定东西的稽考，不如说是基于把外部形成的概念植入对它们的诠释之中。依赖一个先入为主的超自然观念，必然会陷入循环论证之中。新的智识革命则将信仰描述为人们为了控制欲望而将自身意志转化为理想的目标，并根据理想目标推出相应的智识习惯、方法和准则。宗教的智识方面原来是自然和恩典领域，现在是自然知识和道德假设领域，而不是与知识和经验分离的超验领域："标定两个领域。认为在其中一个领域，科学拥有管辖权；而在另一个领域，有关宗教对象的特殊直接知识模式手握大权。为了证明某些信念的有效而在当代对于神秘经验的诠释中运作的二元论，无非是自然和超自然之间的那种古老二元论的一种重申，不过是在术语上更加切合当下的文化条件而已。"② 它是一种经验，所产生的信念上的后果依赖于经历它的人们周围的文化。实验主义的宗教性观念并不否定被称为神秘经验的那些存在，但否认它们是先在的和自身完满的，可以先天地规整杂乱无章的尘世；相反，有理由假设它们以某种较高的频率经常发生，以至于被当作经验活动在一定节奏下的正常展现。宗教性与宗教的冲突，实际上是一种

---

① John Dewey, "A Common Faith", in Jo Ann Boydston, ed., *The Later Works*, Vol. 9（Carbondale and Edwardsville, IL: Southern Illinois University Press, 1986）, p. 23.

② John Dewey, "A Common Faith", in Jo Ann Boydston, ed., *The Later Works*, Vol. 9（Carbondale and Edwardsville, IL: Southern Illinois University Press, 1986）, pp. 26 – 27.

有效方法与最低限度的信念之间的冲突。前者是公开和公共性的，而后者是受到限制和私下的。唯有一种产生特定结果的经验，是宗教性的。

宗教性与宗教的区别决定了"上帝"这个词的意义：

> "上帝"代表着诸多理想价值的统一，并且这种统一是由于人们不断地使用"想象力"这个词而引起的……它作为一种理想的目的之现实性，是依靠它们在行动中无可置疑的力量来保障的。理想不同于幻觉，因为想象力是理想由于它而能够得到掌控的一种能力。所有的理想都离不开想象力——由于它，理想才会之于我们。在一种明确的意义上，唯有那些尽管尚未实现，但能够为我们所领会，且具有打动我们的能力，才能赋予"想象力"以意义。通过想象力而产生作用的那种统一，不是幻想性的。因为它所反映的，是实践性的和情绪性的态度的统一。这种统一并不意味着一个单一的、大写的存在，而是被这样的事实——许多目的就它们的理想而言，其实是一个——所激发的忠诚和努力的统一性，或激发掌控我们想象的属性。①

进一步讲，在有待改造的宗教中，它是唯一的、特定的、大写的实存——The God；而实验主义主张的信仰对象——A God——意指所有激发人们展开行动的理想目标的统一体。这种统一，不是因为它有自身的价值，而是为了把人们的生活转变为某种更加高级的实在，并对人们的态度和品行有所要求，意味着一个人在某个既定

---

① John Dewey，"A Common Faith"，in Jo Ann Boydston，ed.，*The Later Works*，Vol. 9（Carbondale and Edwardsville，IL：Southern Illinois University Press，1986），p. 30.

的时间和地点所承认的，对于他的意志活动和情绪拥有权威的那些理想目标以及个人极力献身的那些价值。不定冠词虽没有明确所指对象，但它极为符合历史上的宗教传统。作为假设和中介，它意味着信仰对象某种大写的、先在的存在性是无关紧要的，重要的是这种信仰对象在促进人类普遍交往以及自由方面所产生的后果、所起到的作用，这就是 A God（一个上帝）的宗教性概念。

在传统上，上帝概念被实体化为一种存在，这是因为人的本性中存在一种倾向，它把渴望的对象转化为一种先行的实在，并与过去的文化中占据主导地位的那些信念合流。实际上，上帝概念生命中的能力和意义，不正是它所指涉的那些理想属性吗？可见人们借助理想价值所得到的、对他们具有吸引力的、作为后果的那种实在的支撑和抚慰，要比他们根据事实存在（实在上帝）的认定得到的支撑，更加可靠和确定。理想的目的和价值对人们具有权威性，是一个不容置疑的事实。公义与慈爱，以及真理的结果有效性，在其依托人性方面得到的确证，使得宗教性不必用教条和教义，更不必用烦琐的仪式和惩罚异端的物理手段来拖累自己。相反，它将通过对人性的信赖和对生活的负责来得到更有力量的虔诚。它基于实际条件、运用理智手段对理想价值进行探究，凭借这种探究，理想价值可能得到凸显。历史是对这种情况的最好见证。"人们长期以来并没有充分地运用所拥有的力量以推进生活中的善，因为他们一直等待着自己和自然之外的某种力量，替他们去做本该属于自己分内的工作。依赖外部力量就等于放弃了人的努力。为了善而发挥人的力量，既不是唯我主义，也不是一厢情愿地自我陶醉。说它不是唯我的，是因为它既不个体地也不集体地把人与自然隔离开来；说它不是一厢情愿地自我陶醉，是因为它并没有跳出这样的假设：人有努力和需要的责任；深信倘若为了自然目的而寻求人的渴望和努力，条件本应该会变得更好。"①

将外在力量作为把握理想及其实践的理念，实际上是一种悲观主义理念，它认为自然是晦暗的、无能为力的，很容易从一个极端走向另一个极端。因为在它看来，既然自然手段是无能的，那么很自然地，它就会对超自然的东西寄予厚望，幻想依赖超自然的东西，所有问题都会迎刃而解，从而形成一种夸张的乐观主义。但自然智力的立场却是：现实中善与恶、成功与失败、机遇与挑战、乐观与审慎都是并存的，倘若真想通向理想目标所示的善的方向的话，就必须通过持续地合作、努力，对于正义、仁爱和秩序的冲动必须为了行动而调动起来。"理想本身植根于自然的条件之中，显现在通过掌控思想和行动所展示的诸多可能性而把存在加以理想化的想象力中。有些价值和善——人际关系、艺术和知识的善——实际上是借助于自然基础而实现的。理想化的想象力，利用在经验飞跃时所发现的那些最为珍贵的东西并反哺它们。对于它们的善，我们无需外在的准则和保障。作为善而存在的它们，本身就拥有善；而且，我们用它铸就我们的理想目标。"②

因此，目标在人的品行中具有决定性力量。它们标定行为的方向，改进行为的机制。目标与理想并非只存在于意识之中，也存在于人品、人格和行动之中。无论何人，都以一种实践的方式存在，他本质上具有一种操作性，一种为实现理想目标而形成的操作性；

① John Dewey, "A Common Faith", in Jo Ann Boydston, ed., *The Later Works*, Vol. 9 (Carbondale and Edwardsville, IL: Southern Illinois University Press, 1986), pp. 31 – 32.

② John Dewey, "A Common Faith", in Jo Ann Boydston, ed., *The Later Works*, Vol. 9 (Carbondale and Edwardsville, IL: Southern Illinois University Press, 1986), p. 33.

驱动目标和理想的想象力也不是一种虚构和漫无目的的东西，而是来自物理和社会经验世界的坚实的东西。想象力存在于物理世界、能量和人的能力之中，并攫取一种重整那些会演化出新对象的现存事物的观念。依据想象力，旧事物会逐渐服务于新目标，并生发出创造性的价值与手段。它们一开始或许显得暗淡和不确定，但随着人们对目标的追求，会逐渐明确、连贯和不断地升华。目标与条件之间会不停地相互作用，从而使理想不断得到检验和改善，条件也不停地得到修正。理想随着被应用于实际条件和人的持续活动而不断发生变化。一个人和一个群体所完成的东西，会成为后继者的立足点与出发点。这是一个自然的过程，其中，那些至关重要的因素在情绪、思想和行动中将会得到普遍承认，并随着不断清除超自然观念中积累的不相干因素，而得到加速和优化。之前投放给超自然宗教的物质与精神资源，将用于适合它们并且使它们更好地发挥作用的地方。

这就是宗教性的"上帝"概念，是实验主义的共同信仰。但这个概念和信仰是与促进理想成长和实现的所有自然力量和条件——也包括人与人的关系——紧密相连的。在它之下的诸般理想，既不完全体现在存在之中，也不是无根据的胡思乱想——幻觉或是乌托邦。现实中存在一些支撑这些理想的力量，它们将借助自身的连贯性与坚实性而统一起来。这种统一是能动和实践的，是统一的进程，而非某种先在的东西。"上帝"或共同信仰正是借理想与现实之间的能动关系而存身的。宗教性信仰不是不分青红皂白地盲目崇拜，而是从存在中选择一些要素，这些要素产生并支撑着人们为目标而奋斗的善的观念；它排除了众多在既定时间与这个功能不相干的力量，去除了诸如彼岸这样的超自然的东西，但同样把地球看作宇宙的道德中心，把人看作万物之灵，尽管生活的现实危险重重。没有人的世界是一个不可能也没有必要进入哲学视野的世界。"宗教性的态度需要人们以既依赖又把握的方式与想象力，产生与宇宙的周围世界相联系的感觉。使用'上帝'或'神圣的'这样的字眼既表明了理想与现实之间的统一，又避免了人产生孤立感，以及因之而来的绝望或目空一切。"① 因此，宗教性的"上帝"或"神圣的"是有关人类选择和志向的术语，它本身就是实验主义和实验主义的，是一种人本主义的宗教，其目的不是寻求避难所，而是积极地寻求改变，将世界由混乱不堪转化为合乎人类的真正目的，是经验的理智工具。它不再是固定不变的先天原则和终极目的，但依然"是一个超人类的灵性存在，一种实质上人性化了的宇宙力量，一种富含智慧和爱、充满生命力的道德意识和意志，并且绝对处于对人类有益的人神关系之中"②。实验主义要求，任何信仰——不管历史多么悠久，产生的影响多么深远——都是实验性质的，都只是一种假设。任何信仰都应该参照它所具有的指导行动的作用，也即能否产生更好的社会后果。

因此，信仰不是我们偶然从地上拾起来，然后严格遵守的一件最后的东西。当我们认识到信仰是一种工具，仅仅是一种工具，一种具有指导作用的工具时，我们将来在构成信仰时的精心谨慎，当不亚于今日工艺领域中制造精密工具时的精心谨

---

① John Dewey, "A Common Faith", in Jo Ann Boydston, ed., *The Later Works*, Vol. 9 (Carbondale and Edwardsville, IL: Southern Illinois University Press, 1986), p. 36.

② John Dewey, "A God vs. The God", in Jo Ann Boydston, ed., *The Later Works*, Vol. 9 (Carbondale and Edwardsville, IL: Southern Illinois University Press, 1986), p. 214.

慎。人们已不再以由于忠诚而接受和肯定某种信仰与"原理"而自豪，反将以之为耻，正如不讲证据徒以尊重牛顿或赫尔姆赫兹等人而赞同某一种理论一样可耻。①

宗教性的方法也会对康德的理性二元论提出挑战。众所周知，后者的理性立法将信仰（也是人本主义的，即理性宗教）和科学归入不同王国——本体王国与现象王国——中，二者不相往来，各过各的日子。而在实验主义的视野中，近代以来的科学已经打破了这种二元论，取而代之的是合作和相互影响的观点：科学将有力地支撑起宗教性理想的目标，使之实现的可能性更大；共同的信仰也将竭力运用科学来实现人类真正的目标，从而不致使其误入歧途。就像爱因斯坦表述的那样：没有宗教的科学是盲目的，没有科学的宗教是空洞的。

第三节　建立共同信仰

通过前文论述，宗教性与诸宗教最大的区别在于，前者重视信仰的功能与产生的后果，而后者更在乎自己固有的东西，主要是仪式、礼仪以及教义本身等。

祭司阶层是某个共同体、部落、城邦或帝国的代表。无论是否有祭司阶层，作为共同体成员，他们都处于宗教共同体之中。各个社会群体都有其奠基者和保护者的神圣存在物，他们的献祭、圣化和沟通礼仪，体现了组织化的共同生活。庙宇是必不可少的，是共

---

① 〔美〕杜威：《确定性的寻求》，傅统先译，上海人民出版社，2004，第280~281页。

同体崇拜的焦点所在。宗教影响共同体的各个方面——家庭、经济和政治生活，其中教育是把年轻人纳入共同体活动的范围，这些活动在每一点上都交织着一种与宗教密切关联并予以裁定的习俗、传说和仪式。在历史上，除了少数国家和地区，一个人属于一种社会和一个人是某个教会的成员（一个人出生在一个特定的教会，即父母的教会，那么他具有该教会成员身份是自然而然的）几乎是同一件事。

但是，社会重心发生了变迁，为了实现教育、政治、经济、慈善和科学的目的，逐渐出现了诸多团体的扩张，这些扩张都是独立于宗教的——甚至是伴随着宗教斗争而发生的。这些社会模式已经发展到如此程度，以至于对绝大多数人的思想和志趣施加了巨大的影响，甚至影响了那些在教会中拥有成员身份的人。他们的实际生活，在其天天所做的事情和设定的联系方面，已经随着政治和经济的变化而彻底地改变了。诸多宗教信义已经展现出强大的顺应时代的能力，其条款已经在不知不觉中发生了变化，或者是有意无意地加入一些新的内容。比如天主教，再也不会像对待布鲁诺那样，而是表现出相当的宽厚仁慈，只要信徒（甚至教徒）不触及纪律、礼仪和圣事即可。

杜威甚至认为这样的变化实际上从中世纪就已经开始了，当时的文艺复兴就是世俗主义的一种新生，"自然宗教"是对教会团体控制的一种反抗。从那以后，即使超自然的东西对于一般民众的控制，也已经越来越脱离教会组织的力量。可以说，宗教核心观念，已经与守护和观照特定社会机构的功能渐行渐远，与教会职权无关的种种志趣和价值蓬勃发展，广泛地支配着信徒渴望目标实现的行动，人们现如今在工作、娱乐、公民身份和政治活动方面花费的时间更多。

　　尽管如此，超自然观念的有效性并没有被彻底否定，而是试图基于个人理性为有神论和不朽提供合法性证明。以康德先验论为基础的"理性宗教"更是沿着这条道路前进了一大步，它以一种更加浪漫、更加多彩多姿和具有"集体性"① 的形式呈现出来，通过维护世俗生活来弘扬超自然的东西。在 20 世纪，尽管科学、工业和民主在社会生活中的地位已经不可撼动，但人们依然相信，世俗事物应该浸染宗教精神，人们也愿意相信，即使是很"世俗"的运动与志趣，也是基于某种教义成长起来的（如新教伦理与资本主义），或是与宗教紧密相连（如文明冲突论）。

　　于是人类面临着两种对立的立场：一方认为，离开超自然的东西，人在道德水平上与禽兽无异；另一方则主张，所有有意义的目的和安稳、和平的保障，都是从人类关系中生发出来的，被赋予超自然地位的价值，事实上是一种想象力的产物，只不过它牢牢地把握住自然的善而已。这随即形成第二组对照：一方秉持这样的观点，即与超自然东西的关系是人类动机唯一可靠的源泉，它为直接和间接地激发指导和矫正人类生活的元素而努力；另一方的立场是，在家庭、社区、公民身份以及对艺术和科学的追求等具体关系中经验到的那些善，才是人们在寻求指导和支撑方面真正依赖的东西。诉诸一种超自然和超人类的东西，既模糊了价值的本质，又削弱了它们的力量。

　　杜威在宗教与宗教性（宗教功能）之间所做的区分，正适用于这两种相互交织的情况，为的是对诸种宗教进行扬弃，选择其中有

----

① 　John Dewey, "A Common Faith", in Jo Ann Boydston, ed., *The Later Works*, Vol. 9 (Carbondale and Edwardsville, IL: Southern Illinois University Press, 1986), p. 43.

益于社会的部分，从而将宗教性功能从诸种宗教，尤其是某种宗教中解放出来。经过扬弃和改造所得到的宗教性，"失去的只是外在玄虚和似是而非的东西，得到的却是宗教被置于唯一真实而坚实的基础之上的，良心和意志方面与上帝真正共鸣的东西。尽管在现存的经济和政治机制中，不乏非基督教和反基督教的东西；但是，那些深受个人信仰浸淫的男男女女通力完成的改变，要好过任何机构的努力——在其中个人通常是无条件地臣服于一种外在的和终极的属世权威——所引起的变化"①。强调宗教性而不是宗教，意味着尽管生活志趣逐渐世俗化，但对上帝的虔诚没有随着教会的衰落而改变。"有许多人，就像历史学者那样，独立于任何宗教的隶属关系，他们把世俗化过程的逆转或重回教会并将其作为最后权威的做法，当作对最为珍视的那些东西的一种威胁。……就像很多社会进展，并非是自愿的宗教联合的产物；相反，那些使人的关系属人化的力量，那些促使智识和审美发展的力量，来自于独立于教会的影响力。"②教会在当今社会的诸运动中已经不占优势，它们曾将注意力集中在战争与和平、经济和政治上的不公平与压迫及对它们的抗争上，但现在，对社会事务的关注点已经转向了道德顽疾——酗酒、贩毒和离婚等行为。无论是原则上还是事实上，社会重要性的东西都将在自然的社会关系中寻求起源。夫妻关系、父子关系、朋友关系、工友关系，以及科学和艺术方面的同事和同好关系，所有这些自然的关系都将得到开发，被当作真正值得虔诚的来源与目的。具有理想

① John Dewey, "A Common Faith", in Jo Ann Boydston, ed., *The Later Works*, Vol. 9 (Carbondale and Edwardsville, IL: Southern Illinois University Press, 1986), pp. 45 - 46.

② John Dewey, "A Common Faith", in Jo Ann Boydston, ed., *The Later Works*, Vol. 9 (Carbondale and Edwardsville, IL: Southern Illinois University Press, 1986), p. 46.

属性的那些宗教所褒扬的种种价值，实际上只是带有自然色彩的那些事物的理想化，然后作为膜拜和依靠的对象而被安置在一个超自然领域。一旦承认人类关系具有宗教性的某些价值，那么，人类的思想和精力将集中到它的完全实现上，所有问题的解决将求助于可证实的东西，而不是某种超自然的权能。后者所能诉诸的、所有得到褒扬的价值，归根结底是人类关系不断被抽取、神化的产物。人类因疏于对社会事务因果关系的了解，而缺乏社会控制的手段，以至推论自己必须仰仗超自然的控制。

意识到这一点后，人类在未来若想摆脱超自然的东西，那么无须坐等社会事务相关智力的发展，只要采用自然的手段和方法，就会产生良好的效果。因为现在"我们知道了：凡我们视为对象所具有的性质，应该是以我们自己经验它们的方式为依归的，而我们经验它们的方式又是由于交往和习俗的力量所导致的。这个发现标志着一种解放，它纯洁和改造了我们直接的或原始的经验对象"①。对于社会生活中出现的问题，人们可以追溯这些直接的或原始的经验对象的原因，想出去除这些病根的办法。这和治病救人、保持健康一样。"如果使用，这样的方法将不仅会在通向社会健康方面有所收获，还能成就更加伟大的东西；它会推进社会智力的发展，以更大的担当和更大的规模发挥作用。"② 这里的社会智力不同于旧有的"理性"，它内在地包含于行动之中，伴随着人类的激情和愿望。"整个人类社会的历史表明，从事的事情总能激发出人全神贯注的激情。……人类迄今尚未尝试过的为数不多的实验之一，就是献身的

---

① 〔美〕杜威:《经验与自然》，傅统先译，中国人民大学出版社，2012，第14页。

② John Dewey, "A Common Faith", in Jo Ann Boydston, ed., *The Later Works*, Vol. 9 (Carbondale and Edwardsville, IL: Southern Illinois University Press, 1986), p. 51.

激情。它带有强烈的宗教性的虔诚，它之于智力，就如同社会活动中的一股巨大力量。……两者的结合，已经不止一次地促发了被称作社会革命的变迁。没有智力的激情是盲目的，没有激情的智力是无力的。强烈的激情可以在摧毁旧机制中表达自己。催生更好的机制的不二法门，就是智力与激情的联合。"①

倘若芸芸众生在人类关系的方方面面，都能运用智力激发出隐藏于内心的激情——就像历史上某种宗教标榜的那种信仰和热情，那么就会产生难以预料的后果。人类本性中蕴含着慈爱、同情、正义、平等和自由的冲动，实验主义的主张就是运用自然力量将它们整合起来，有意识有组织地将之从个人和阶级的狭隘目的转向更大的人类目的，将人类从低级的肉体生活的支配下提升到高级的精神生活境界。但是这种"拯救与重塑并不是由个人在远离同伴的隔绝状态下独自完成的，而是在人们的联合生活中。任何人都无法在自身中找到完美，只有在联合生活中才能成为完人，才能达到耶稣的完美境界。必须把人们引向共同生活并让他们在共同生活中共同成长"②。共同信仰就是把持续的想象力、思想和激情转移到自然的人类关系方面。它将对"人类经验与人类关系的可能性产生信念，在这种信念之下创造一种至关重要的人类利益的统一意识，并且激励人们为实现这种统一而行动。倘若我们的宗教组织学会如何利用它的象征和仪式表达和促进这一信仰，那么它们将会成为与知识和社

---

① John Dewey, "A Common Faith", in Jo Ann Boydston, ed., *The Later Works*, Vol. 9 (Carbondale and Edwardsville, IL: Southern Illinois University Press, 1986), pp. 52 – 53.

② Lewiso Brastow, *A Study of Homiletic Principles and Methods* (Boston: Pilgrim Press, 1914), pp. 24 – 25.

会需求和谐共处理念的重要帮手"①。

当然，这并不意味着现存的诸种宗教应该遭受灭顶之灾，相反会获得恢复活力的手段。"这些受到褒扬和需要珍惜的人类价值的储备，所有人类关切和安排所认可和校正的那些价值，都会受到诸种教会不同方式和不同象征的礼赞和强化。这样，每一种宗教都会成为人类的宗教，它们会被要求对事关人类的社会事务表现出更加积极的态度，会被要求面对战争、经济不公和政治腐败等问题时立场鲜明，会被要求为了地上的上帝之城而行动——这正是这个时代的神迹。"②

杜威将信仰改造为人们为控制欲望和选择而将自身的意志化解为理想的目标，并根据理想目标推出相应的智识习惯、方法和准则。"此一理想不是可以达到的目标，它是一种需要感觉和领悟的意义。虽然对它的意识不能理性化（等同于具有明确特征的物体），但是只有那些愿意思考的人，才能从情感上领悟它。……宗教的职责正是要激发此种领悟与暗示，并使之得到加强和稳定，直到它们融入我们的生活之中。"③宗教的智识转化为自然知识和道德假设。它是一种经验，将依赖经历它的人所处的文化环境，使自身与人类的紧迫需求紧密相连。杜威坚信共同信仰会使共同体保持昂扬斗志和顽强的生命力，未来最需要做的就是使它永葆斗志和战斗力。人类的责

---

① John Dewey, "My Belief", in Jo Ann Boydston, ed., *The Later Works*, Vol. 5 (Carbondale and Edwardsville, IL: Southern Illinois University Press, 1984), pp. 273 – 274.

② John Dewey, "A Common Faith", in Jo Ann Boydston, ed., *The Later Works*, Vol. 9 (Carbondale and Edwardsville, IL: Southern Illinois University Press, 1986), p. 55.

③ 〔美〕杜威：《新旧个人主义——杜威文选》，孙有中等译，上海社会科学院出版社，1997，第131页。

任就是保护、传承、完善和丰富所拥有的这些价值遗产，以使后代子孙更加可靠和稳妥地接受它们，更加慷慨地分享它们。在杜威的视野里，这种信念并非囿于教派、阶级或种族内部的信仰，而是全人类的共同信仰。

第六章　社会改造展望——资本主义及其之后

资本主义体系新版本也并非合情合理、完全高效和永远平衡的。未来如同人类的生活一样，依然是不可预见、模棱两可和纷繁复杂的。[①]

——阿纳托莱·卡列茨基

在前文中，本书考察了实验主义在经济、政治和信仰领域的运用。总的来说，杜威关于这几方面的思想都是工具主义的，即将共同体的成员作为一个整体（当然，这样做并不意味着消灭个体，恰好相反，杜威认为，只有在整体中、在沟通与合作的整体中，个性才得到真正的保障），而将工业、政府和信仰作为中介和工具性的东西，旨在建立良好的社会，最终解决人的问题，成就和创造人。人在社会中的行为是一种合作性的实验。社会是由寻求共同利益的个人构成的，社会的诸种——经济的、政治的和信仰的——生活既是解决问题和达到目的的手段，也是人自我教育的方式。通过这些，

---

① 〔英〕阿纳托莱·卡列茨基：《资本主义4.0》，胡晓姣、杨欣、贾西贝译，中信出版社，2014，第287页。

人类生活的经验将使自己不断进步，资本主义也将以一种更加合理的方式得到延续——不管被冠以何名。

第一节 质疑与回应

一 质疑：资本主义之后是什么？

并不是所有人都认同杜威关于资本主义会被取代的说法。莱茵霍尔德·尼布尔质疑，尽管问题重重，但不同于欧洲国家社会主义运动的风起云涌，美国相比其他国家拥有更多的财富，深入人心的民主观念已经阻止了明确的阶级形成，创新方兴未艾，传统的个人主义并未完全消失；此外，全美上下就"美国的事业是生意"（American Business is Business）这一信条已经达成共识，使得政治考量远未达到当务之急的地步。所有这些因素及其他可能的因素，使得欧洲的情况迥异于美国。"因此，通过首先考虑这一情况的某些方面，使其用来分析我们所遇到的问题是可取的，即哪一种一体化同样适用于欧洲和美国，然后独特的美国式局面可以更为清晰地得以展现。"[1]

而且，尼布尔指出，资本主义不会像杜威所判断的那样向内进行改革，即劳资双方合作性的、运用智慧进行探究。因为惰性和集体主义的盲目性在历史发展中根深蒂固，以至于从未出现过这样的情况：统治阶级放弃他们在社会上的地位和特权，因为这意味着他们的统治是无能的和不公正的。

因此，政治自由主义已成强弩之末，通过对能力、理性的意愿

---

① Reinhold Niebuhr, "What is after Capitalism?" in Jo Ann Boydston, ed., *The Later Works*, Vol. 9 (Carbondale and Edwardsville, IL: Southern Illinois University Press, 1986), p. 400.

和道德个体的信心去改造社会，压根就是缘木求鱼。离开斗争就无所谓社会变革，自由主义者在困惑中不知不觉地陷入了保守主义阵营。少数眼光敏锐的知识分子和理想主义者要么被迫拥护激进主义者，要么置身事外，成为事不关己的观察者。

相比自由主义者的无所作为，人们或许认为，法西斯主义在西方国家会不可避免地成为实践上的必然。"一个正在解体的社会体系，将尝试通过团结一致和消除内部混乱来解救自身。它将毫无疑问地自保数十年，但最终是不能成功的，因为资本主义的两个致命缺陷——经济上的不平等和国际无政府状态，将无法治愈。"[①] 自由主义无能所导致的问题仅仅是混乱，然而法西斯主义一旦掌握政权，带来的肯定是毁灭。社会主流群体不会轻易屈服、不会主动变革将导致社会新秩序无法形成。在美国，因为没有真正的无产阶级，这一问题正在变得日益复杂。除了极少数人以外，几乎所有人都属于中产阶级。在未来，工人们也不会联合起来，成立一个属于自己的强有力的政党。痛苦的经历与现状可能会使他们奉行激进主义的信条。但由于没有受过教育和充足的政治哲学，即使产生暴力，也仅仅是零星的。这一切意味着资本主义可能继续存在下去，至少会持续几十年。现代工业文明都本能地避免革命，这是其合理的本性，因为革命是现代社会不能承受之重，一旦发生，就意味着文明的自我灭亡。况且，一场纯粹的革命运动往往需要至少几年的自相残杀才能确立基本的秩序（如美国内战）。如果走社会主义路线的话，那么将是议会制的，并需要在现存法律框架内设立尽可能多的程序。社会主义不仅通过这种方式得以确立，而且无须把军事和革命冒险

---

① Reinhold Niebuhr, "What is after Capitalism?" in Jo Ann Boydston, ed., *The Later Works*, Vol. 9 (Carbondale and Edwardsville, IL: Southern Illinois University Press, 1986), pp. 401 –402.

作为反抗的手段也能战胜法西斯主义。但是在美国，这是行不通的，原因很简单，除了前文所提及的，大多数美国公民属于资产阶级以外，还因为个人主义思潮在美国根深蒂固，任何形式的集体主义都有可能被视作离经叛道。

认识到无论是革命的还是议会制的行动方向都不可能为现代社会提供一种掌握技术的轻松方法是十分重要的。既然如此，"那么，发展抵抗组织和大规模的高压政治的形式就是非常重要的，这将尽可能少地干预工业文明的复杂之处，并且在社会冲突领域保留相互尊重的情绪。……一旦完全认可这种斗争是现实的，将会使各种伦理因素进入斗争中来，就像甘地将不抵抗方式引入印度一样"[1]。

如果说在反对阶级斗争和革命方面尼布尔和杜威还有共同之处的话，那么在宗教和理智的理想主义方面，尼布尔认为杜威过高地估计了政治生活中的无私因素。实际上，"所有历史证据证明新的社会都是从斗争中产生的，在新的社会中，不同社会群体的地位是由他们的经济利益所决定的"[2]。希望创造性地参与这样的斗争，帮助历史朝着正义的目标前进并尽可能地消除骚乱和冲突，就必须认识到经济因素在普遍起作用这一事实。"没有教育或宗教理想主义能够说服一个社会阶层支持违背其经济利益的理由，或者说服他们寻求一个违背其经济利益的目标。"[3] 但杜威却乐观地认为，整个社会可以通过教育、沟通和协作实现新的社会理想。他所代表的自由主义

---

[1] Reinhold Niebuhr, "What is after Capitalism?" in Jo Ann Boydston, ed., *The Later Works*, Vol. 9 (Carbondale and Edwardsville, IL: Southern Illinois University Press, 1986), p. 403.

[2] Reinhold Niebuhr, "What is after Capitalism?" in Jo Ann Boydston, ed., *The Later Works*, Vol. 9 (Carbondale and Edwardsville, IL: Southern Illinois University Press, 1986), pp. 403 – 404.

[3] Reinhold Niebuhr, "What is after Capitalism?" in Jo Ann Boydston, ed., *The Later Works*, Vol. 9 (Carbondale and Edwardsville, IL: Southern Illinois University Press, 1986), p. 404.

是一种理想主义，它想象着自己的特殊教育类型或宗教理想主义方式会完成前所未有的任务，即社会群体的自然动机的完整升华。

然而现实情况却是主流群体一直存在尽可能长地抓住权力的动机。为了维护社会正义，这种动机必须被清除。"如果掌握未来的社会群体及早认识到自己的命运，就将以最小的代价和最少的混乱实现目标。"[①] 如果一个群体在有纪律且在知晓自身的命运上有较大的自信，那么就不会通过斗争的方式获得威望与社会权利。即使斗争不可避免，旧的群体出局，新的群体不用自相残杀也能掌握社会发展方向，这是非常有可能的。因此，和自由主义者的浪漫相比，恰当的政治现实主义最终会走向和平。自由主义并没有恰当地理解人类本性和人类历史的事实，并将这些错误引入错误的历史预测，从而延长了旧秩序消亡前的挣扎并推迟了新秩序的到来。正是在这一点上，教育和宗教的理想主义者逃避了历史的现实主义路子，他们对人类的自然动机可以通过思维和意识得到比实际更大的升华；还有可能是他们对现实理论构想的社会斗争残酷性采取了逃避的态度。自由主义没有想到的是，除了苦行的遁世者以外，每个人都是现实社会斗争的参与者，所不同的仅仅是他们站在哪一方而已。反对社会冲突这一观念看起来冠冕堂皇，但稍加考察则不难发现，这些观念的持有者都是某一体系的既得利益者，他们安于现状，当然反对通过冲突来改变现实。不合理的社会体系中少数人所过的舒适生活，正是以大多数人陷入痛苦境遇为代价的。"既然如此，如果掌权者和既得利益者不愿坐下来与你友好地运用'合作性社会智慧'来探讨社会的危机与民族的前途，如果他们不愿'自动退出历史舞台'，你

---

① Reinhold Niebuhr, "What is after Capitalism?" in Jo Ann Boydston, ed. , *The Later Works*, Vol. 9 (Carbondale and Edwardsville, IL: Southern Illinois University Press, 1986), p. 404.

纵有千百万可爱的智慧，那又如何？"① 由此观之，"不承认社会斗争的隐蔽暴行，是中产阶级自由主义者的最大弱点。它给每一个力图在社会斗争中消除暴力的道德借口，增加了一个虚伪和自我欺骗的注解"②。相反，正统的宗教信仰比自由主义表现得更为敏锐和技高一筹，因为它采取的是理性的态度，没有过高估计人类社会的美德，也始终没有忽略人类集体生活的"原罪"特征。尼布尔指出：

> 现代教育家和道德家最根深蒂固的错误，是假设我们的社会问题是由于我们的社会科学发展滞后于创造技术文明的自然科学。这个假设的含义在于，假以时日，随着更好的道德与社会教育的发展，随着人类智力的一般水平的提高，我们的社会问题就会趋于解决。③

在尼布尔看来，杜威肯定是过于乐观了：尽管假以时日，人类可以获得某种程度的无私品质，但普通人的无私肯定是有限的，他们不可能保证待人如己。问题不是杜威所主张的协作探究的可能性，而是"群体之间的关系应该主要是政治性的而不是伦理性的，也就是说，这些关系将根据每个群体所拥有的权力的比例来决定，至少不低于根据理性或道德对各群体权限的估计来决定"④。指望通过道

---

① 孙有中：《美国精神的象征——杜威社会思想研究》，上海人民出版社，2002，第 201 页。

② Reinhold Niebuhr, "What is after Capitalism?" in Jo Ann Boydston, ed. , *The Later Works*, Vol. 9 (Carbondale and Edwardsville, IL: Southern Illinois University Press, 1986), p. 405.

③ 转引自〔美〕詹姆斯·坎贝尔《理解杜威：自然与协作的智慧》，杨柳新译，北京大学出版社，2010，第 217 页。

④ 转引自〔美〕詹姆斯·坎贝尔《理解杜威：自然与协作的智慧》，杨柳新译，北京大学出版社，2010，第 218 页。

德与智慧的方式解决资本主义的问题，是相当天真的想法。"不可能通过他设想的'有组织的探究'来形成公正无私的理智，从而超越历史上由来已久的利益冲突。"[1]

二　杜威的回应——团结与进步

作为对尼布尔的回应，杜威在《团结与进步》一文中指出：

> 我不会尝试在一个对长远未来高度可疑的预测的基础上形成当下的一系列政策；相反，我将在基于当下现实的基础之上形成未来社会可能出现的情形的观点，然后竭力实现这种未来。由于这种未来如何运作是被关注着的，我并不认为自己与尼布尔博士之间区别很大。我愿意看到政治被用于促成一个真正合作性的社会。在该社会，工人通过社会本身的经济组织而不是任何强加的国家社会主义形式，尽可能直接地控制工业与金融；同时工作不仅为安全、娱乐与文化发展的机会提供保障，而且确保参与控制，从而直接促进人格的精神与道德的实现。我还相信，那些有效地解决目前需求的措施将会起到带来这种社会目的的作用。[2]

杜威认为尼布尔"倒转了正当程序所说明的事物"[3]，后者将注

---

① 转引自〔美〕詹姆斯·坎贝尔《理解杜威：自然与协作的智慧》，杨柳新译，北京大学出版社，2010，第218页。

② John Dewey, "Unity and Progress", in Jo Ann Boydston, ed., *The Later Works*, Vol. 9 (Carbondale and Edwardsville, IL: Southern Illinois University Press, 1986), p. 72.

③ John Dewey, "Unity and Progress", in Jo Ann Boydston, ed., *The Later Works*, Vol. 9 (Carbondale and Edwardsville, IL: Southern Illinois University Press, 1986), p. 73.

意力放在"资本主义之后"这一问题上，忽略了资本主义危机中需要做什么和怎么做的问题，并且是前后矛盾的：尼布尔一方面强调了阶级矛盾和斗争，"除非这一事实与某种程度上的集体自我主义和人性天生堕落的神学观点相联系"①；另一方面是对斗争可能导致的暴力与社会正义胜利的模糊愿景的强烈反对。

杜威强调，对于那些就现实社会经济基础彻底变革的必要性达成协议的人来说，最基本的问题体现在政治的程序方面和行动的途径方面，它要求人们一方面妥善处理迫切的需求、问题，另一方面努力将这种社会观点变为现实。在资本主义社会，的确存在大量政治不成熟和对经济无知的人，旧式自由主义也可能对此无能为力。但是，毕竟存在的问题是迫在眉睫的，大多数人对此有着切肤之痛，无需多少观察力和判断力，就可以感受到经济不公和政治无能所产生的恶果。面对什么是迫切需要的这一问题，无论是温和派还是激进派（相信现存社会秩序中基础变革具有必要性的那些人），在他们面前还存在什么明显不同吗？面对现实问题，社会迫切需要大量明确且具有建设性的想法，这些想法涉及处理这些问题的最佳措施，最好从认识到问题的原因和促进形成更好的社会秩序这一立场出发。在任何情况下都应当切实寻求解决问题的方法。面对现实存在的危机和可能悲惨的后果，仅仅停留在讨论上是远远不够的，而应该尽快达成共识并付诸行动。人们的立场、观点、思路、目的和背景可以有所不同，甚至大相径庭，但面对共同而且是迫切的问题时，所有这些不同都几乎可以忽略不计。

杜威还强调，资本主义所反映的可能是文明世界经历过的最奇

---

① John Dewey, "Unity and Progress", in Jo Ann Boydston, ed., *The Later Works*, Vol. 9 (Carbondale and Edwardsville, IL: Southern Illinois University Press, 1986), p. 73.

怪的政治形式。在崩溃之中，伴随着对现状的普遍批评，绝大多数知识群体都渴望变化，却没有明显的、有组织的激进的政治活动。因而，团结一致，思想和行动相结合，是应对这种异常情况的先决条件，而尼布尔的观点阻碍了团结。一方面群体面临着共同而又紧迫的问题，另一方面人们沟通与合作的效果会更好，是单个人的行动所不能比拟的。两相结合，团结是可以实现的。这是杜威基于最迫切的需求，对激进方面的思想和行动统一的可能性和条件探索所持有的信念。

第二节　资本主义的前途

实际上，在强调上述信念的同时，杜威通过考察美国的状况，已经发现"许多人相信某些很有希望的趋势在起作用"[①]。

最显著的是亨利·福特的大规模生产方法。它的好处在于：

1. 降低价格，从而有益于消费者，扩大产品的使用范围；

2. 提高工资水平，不仅可以提高工人的士气，而且通过把他们变成消费者来扩大产品市场；

3. 缩短了时间；

4. 增加了利润。

第二种趋势是 T. N. Carver 提出的"美国经济革命"。他认为，美国正在经历一场经济革命，它将缓解劳工和资本家的紧张关系。这种方法使劳动者拥有股票和债券而成为自己的资本家，同时迫使资本家成为某种类型的劳动者，从而不再仅仅以资本的回报为生。

---

① John Dewey, "Ethics", in Jo Ann Boydston, ed., *The Later Works*, Vol. 7 (Carbondale and Edwardsville, IL: Southern Illinois University Press, 1985), p. 423.

第三种趋势是通用电气公司的 Owen D. Young 提出的，促使所有权和管理权分离。他认为，很难使一个资本家既有雄厚的财力，又具备专业的技术和管理才能，二者的分离可以在社会范围内使各种资源得以集中和整合；而且，当所有权和经营权合一时，企业所有者除考虑利润以外，不会考虑和顾及其他的决策。但是，当所有权变成大量的股东形式，涉及技术、科学研究以及和许多雇员保持和谐的关系时，要成功地进行管理，就需要专家和心胸开阔的管理人员，他们不只是考虑利润，还会对制造合格的产品、获得公众的好评感兴趣。这样的管理不仅仅考虑所有者的利益，还考虑工人的福利和对公众的责任。

第四种趋势是联合，"它接受了商业伦理规范，或者说强调'服务'标准"[1]。

这些趋势可以使公司的态度和行为有大的转变，由于公众赋予公司有价值的特权，后者应该把公众利益放在首要位置，否则就应该受到政府的监督和控制，这就是所谓的"公共服务公司"，[2] 随之而来的将是一种"社会化的公司资本主义"[3]。虽然当时（20 世纪 20~30 年代）出现在意大利的法西斯主义、俄国的布尔什维克主义以及稍后在德国出现的国家社会主义也吸引了不少人的注意力，但就其本质而言，杜威并不认为它们有前途：

---

① John Dewey, "Ethics", in Jo Ann Boydston, ed., *The Later Works*, Vol. 7 (Carbondale and Edwardsville, IL: Southern Illinois University Press, 1985), p. 425.

② John Dewey, "Ethics", in Jo Ann Boydston, ed., *The Later Works*, Vol. 7 (Carbondale and Edwardsville, IL: Southern Illinois University Press, 1985), p. 425.

③ John Dewey, "Ethics", in Jo Ann Boydston, ed., *The Later Works*, Vol. 7 (Carbondale and Edwardsville, IL: Southern Illinois University Press, 1985), p. 425.

　　自由放任的极端个人主义坚持竞争是经济过程唯一的调节者，这已经被证明在当前的情形下是不能再容忍的。正如现代城市堵塞的交通要求有一个交通指挥来管理车流、保护行人一样，公共福利的必需，经济上处于行人地位的大多数人的必需，要求有一个最高的权威，其目标是正义而不是利润。……不仅要维持秩序，让竞争者各得其所；而且要在工业生活条件发生变化时，修改竞争规则，保护公共利益。那么，问题就来了。是要这种修正的资本主义（政治和教育体制中的民主原则，应该得到不断的强化，自由、正义和效率只要有可能就被纳入其中），还是要另一种修正的资本主义（有更加激进的政策，如俄国和意大利正在实验的）？①

　　两者之中，杜威明显是选择前者的，原因除了他一贯遵守的信条之外，还包括他认为当前面临的问题在于政治、宗教和教育领域推崇的平等原则与经济社会制度不平等之间的矛盾。两相比较，杜威认为美国人不会走俄国和意大利的道路，因为他们"不愿意接受一个唯一主人的控制"②。统治者在俄国是经济阶级，在意大利是国家主义的集团；而在美国，经济系统和政治系统的主人是分离的，经济领袖通过市场竞争来挑选，政治领袖依赖于公众的支持。"当控制分属不同领域时，比起它集中在一个人手里，公众的利益也许要

---

①　John Dewey, "Ethics", in Jo Ann Boydston, ed., *The Later Works*, Vol. 7（Carbondale and Edwardsville, IL: Southern Illinois University Press, 1985）, p. 428.

②　John Dewey, "Ethics", in Jo Ann Boydston, ed., *The Later Works*, Vol. 7（Carbondale and Edwardsville, IL: Southern Illinois University Press, 1985）, p. 428.

安全得多。"①

杜威还指出，资本主义经过修正会继续存在下去，理由如下：

1. 无论在西欧还是美国，少数人支配着大部分的国民财富，由此形成了与财富而不是人数相匹配的影响力；

2. 在美国，农业收入尽管不占支配地位，但农场主大量投资土地，必然要求维护私有财产权，这成了现有制度的"锚"；

3. 产业工人倾向于变革，但反对暴力，他们宁肯接受资本家赚钱，以便通过"喂马饱雀"（马吃饱后，剩下的残渣可以让鸟吃饱）而分享不断增长的收入份额，但一场革命可能意味着玉石俱焚、同归于尽；

4. 美国有一个庞大而有效的公共教育系统，它为人们提供了某种程度上平等与自由的机会，这也导致社会主义在美国很可能无所作为，掀不起多大风浪。

当然，存在这样的条件，也不意味着资本主义可以永葆无虞。相反，"必要的改进"② 势在必行：

1. 提高生产效率，减少浪费；

2. 保障就业；

3. 改善工人，尤其是妇女、儿童的工作和生活条件；

4. 提高消费者的品位和商品标准；

5. 公平（不是平均）分配。

随着 20 世纪后半叶美国乃至整个西方经济社会的发展，税收扮

---

① John Dewey, "Ethics", in Jo Ann Boydston, ed., *The Later Works*, Vol. 7 (Carbondale and Edwardsville, IL: Southern Illinois University Press, 1985), p. 429.

② John Dewey, "Ethics", in Jo Ann Boydston, ed., *The Later Works*, Vol. 7 (Carbondale and Edwardsville, IL: Southern Illinois University Press, 1985), p. 431.

演起主要角色，西方社会利用税收逐步建立起一整套健全的福利制度，使得劳工群体和低收入家庭的生活水平在有保障的基础上逐步提高；与此同时，慈善事业也在不断发展和完善。可以说，西方世界已经发展出一整套较为完善的慈善体系。在社会福利体系不断完善的情况下，杜威在 20 世纪 30 年代描述的"殷实的仓库和空空的肚子并存"的局面已不复存在。在此过程中，美国政府也在"有计划的社会"方面发挥了巨大作用，它一改胡佛政府之前的那种无所作为的情况，设立了各种委员会来调节行业之间、企业之间以及它们与消费者之间的关系，如州际商业委员会、联邦贸易委员会、消费品保障委员会等；还积极进行了"新政""公平施政""伟大社会"等大规模的政治经济改革，已经在相当程度上解决了杜威当年抨击的资本主义混乱与不稳定的问题，他的理想也已经在相当程度上得以实现。美国政府和社会还采取各种措施，大力提高劳动收入。尽管贫富差距依然很大，但由于劳动者和低收入者的生活得到了保障，经济运行更加平稳和安全，在此基础上社会也日渐变得能者有所长、弱者有所依。

结　语

哲学问题不是古老的本体论问题，而是实践问题、生活问题、道德问题和社会问题……哲学必须成为道德、政治的诊断和判断方法；世界处于生成之中，我们必须助它一臂之力。①

——梯利

杜威在哲学上最大的功绩是对西方传统的形而上学的改造。在他那里，哲学不再是概念的堆砌，也不是哲人对外在世界的惊讶和圣徒的冥思，而是和人的生存紧密相连。要考察人的生存就必须立足于人的生存情境，而不是从抽象的概念出发。凡是与人的生存没有关系的所谓"客观"的东西，既无必要也不可能进行研究和探索。实验主义哲学是一种"激进"的经验主义，在那里，哲学问题就是"人的问题"。

这个过程可以这样来描述。为了应对情境及解决问题，需要一种假设的观念，它是工具性的中介，借助它，人自身的问题得以解决，观念的实在性及其价值地位也就得到确认；而如果问题没有解

---

① Frank Thilly, *A History of Philosophy* (New York: Henry Holt and Co.), 1914, pp. 571 - 572.

决，那么观念就会被淘汰。所以观念没有与生俱来的威权，在实验主义看来，不需要把观念看作具有绝对威权的另一个领域，真正实在的是我们所经验的这个世界，但这个世界一开始不是我们所要的世界，也不是我们所理解的世界，并不是可靠的。我们需要通过一定的中介到达我们需要的世界，而知识与观念就是这样的中介，它们是假设的和工具性质的，是处于一种比较偶然的经验和一种比较确定的经验之间的。通过对观念的操作，现实状况发生了改变，对象还是对象，只不过是有意识和有目的地重新编排和处理过的对象，就像一个人的脾气经过一番磨炼之后既是同一个人也是不同的人一样。如此，观念也就回到了情境之中，在对象改造的实际后果中得到检验，从而确定它是否该得到实在的地位。这样的方法，需要不断对观念进行检查、调整和验证，主要是分析性的。

同样，社会精英和政治领导人也是这样的中介，领导人的地位与价值应该用是否达到民众的期许与要求来检验。因此杜威的实验哲学就是一种民主哲学，它意味着占有统治地位的思想、制度和个人都是假设、中介和实验性质的，统治的合理性只能通过所起的作用以及产生的后果来界定，而不是依靠出身与血统就可以先天地决定并一直如此。实验主义绝不承认所谓确定、终极的东西，任何事物的发展都是一个过程，它的价值与地位应该在发展中得到检验与确定，而不能先入为主、依靠本身来确定。

实验主义这种处理观念与情境的方式，和古典哲学截然不同（杜威亦将这样的方式称作"哥白尼式的革命"）。通过和古典哲学的对比，不同的社会运作方式便会清晰地呈现出来。

古典哲学的代表是康德，在他那里，通过理性的双重立法（dual legislation of reason），划分出先天观念和后天经验事实。其中有一个最为牢固的信念，即当经验与观念不一致时，应该改变的是经验证据，而先天观念是不接受反向论证的。这样很容易让人把一种偏见甚至谎言当成先天真理，即使和自己的经验相反，也会让他更加顽固地坚守自己的信念，这反过来又纵容了一些人，他们把自己的意志强加给别人，并以为自己就是上帝的宠儿和代言人。

然而，经验真理——尽管视野比较狭窄，也不像理性观念那样能够激起人们对于真理的热情——却是可以讨论的，因为它有人性的和社会性的内容，是立足于尘世的。纯粹理性的真理最终用一种悖论的方式来逃避理性的公断。它们躲避经验逻辑，用一位智者的话来说即结果只是"狂热逻辑"的猎物。在遭遇人类反抗的时候，上帝的铁匠铺锻造出的武器会变得冷酷和残暴。这种观念很容易变成一种堡垒，权威可以庇护其后而不受质疑。等级森严的国家背后常常有僵硬的观念哲学的影子，先天观念反映出先天的社会现实。相反，灵活开放的民主社会则是以一种具有开阔胸襟的经验主义来展现其自由追求的。

黑格尔比康德更进一步，认为观念通过扬弃得以自然显现。在他那里，精神依旧是现在的、完善的，有三方面界定：一是自我，二是自由，三是绝对。与此相对的就是自然，也有三个特性：他在、必然和相对。"自然恰恰不是一种自身固定不变的、已经完成的独立东西，它即使离开精神也能持续存在，相反地，自然只有在精神中才能达到自己的目标与真理；同样，精神在自己方面也并不单纯是自然的一个抽象的彼岸东西，只有精神把自然作为扬弃了的东西包含到自身，精神才是真正的精神，才证实自身是精神。"① 尽管如此，

---

① 〔德〕黑格尔：《逻辑学》，梁志学译，人民出版社，2002，第188页。

但依旧和康德的观点一样，精神是占据主导地位的，是终极性的，因而"精神以自然为前提，而精神乃是自然的真理，从而是自然的绝对第一者（absolut Erstes）"①。在他那里，观念不是情境的中介和工具，相反，情境是观念的中介与工具，观念（精神）是本身完善的有待显现和恢复的东西。

于是就形成了这样一种机制：逻辑学将自然作为自己的反题，通过扬弃后者达到精神哲学，当达到绝对精神时，辩证法的固定就实现了最后的目标，历史也随之终结。因此哲学在黑格尔那里，已经穷尽了一切真理，观念已经达到了绝对的完善。但物极必反，观念达到绝对完善之时，也就是走向坟墓之时，他的辩证法也将不可避免地走向解体。而采取相反路径的经验主义却是通过观念这种中介不断改善情境，随着情境的改变又生成新的观念，情境继续改善，并由此循环，永无止境。

正是这种具有开阔胸襟的经验主义，引领着社会的改造。社会改造的实质就是新经验主义在社会生活诸领域发挥作用，使社会变得更有条理和更加美好。

首先在经济领域。如果采用一种先行和既定的观念决定经验事实，必然是先在观念决定了经济如何运行。生产什么、如何生产以及为谁生产早就被预先决定了，这就是 planed 经济，即计划经济。这种经济运行机制不考虑社会的实际需求，也不从第一手的经验实际中获取资源，而只是在观念中运行，最终必然和实际情况严重脱节，从而造成生产资源的极大浪费。生产者没有丝毫的主动性和自由，也没有任何创新动机，结果是运行日益僵化，最终不可避免地

---

① 〔德〕黑格尔：《精神哲学》，杨祖陶译，人民出版社，2006，第 10 页。

走向衰落。

相比之下，市场经济采用的是相互作用的方式。买卖双方看似为了自身利益而相互竞争，但在"看不见的手"的指引下，实质是一种紧密的合作关系。原因很简单，因为一方如果不能生产出让对方满意和接受的东西，就无法从对方那里获得自己所需要的东西。在利己动机的影响下，所有有利的资源总是能够被合理地利用，新的生产方法也能及时得到应用，生产者亦得到相应的回报。相互作用实际是一种相互成就和相互成长，一方总是赋予对方一些东西，也会从对方那里获取一些东西，同时还使自身的潜能得到开发。市场的价格—供求机制保证了适时地调节，经济运行的结果可以及时地反馈给生产者和消费者，以便双方能及时地调整自己的经济策略。

当然，市场经济并非完美无缺。从社会整体来讲，资本、劳动和土地被结合起来，作为中介和工具得到使用，人类的生产能力和创造力得到极大提升。工业的历史成为人的本质力量的展示，成为活的心理学。三种生产资料本应该紧密结合起来，资本所有者、土地所有者和劳动者应该具备联合的观念。但实际状况是，市场的参与使任何一方都存有利己的动机，想到的都是如何使自己的利益最大化，这就不可避免地产生了竞争和斗争。斗争的结果是资本最终占据了主导地位，对劳动及其产品拥有了支配权。市场经济由竞争转入垄断，经济发展逐渐变得不平衡与不安全，财富分配的两极分化开始显现。面对这种情况，要适时地予以调节，具体方法表现为税收与地租社会化。不过，在杜威看来，根本的方法还是促使资本、土地和劳动的所有者重新团结和联合起来，使社会再度成为一个整体，并运用理智的手段积极而有效地利用这些资源，使经济成为planing 的，以增进所有人的福祉。至于是否冠以社会主义之名，则无关紧要。

工具主义之于社会经济的另一重意义，还在于物质追求只是中介和手段，而不是终极目的，不应该使人类受到拜物教的束缚。终极目的应该是人的发展，这样的发展永无止境。只是一旦离开经济生活和物质基础，人的发展就是一句空话，成为空中楼阁。经济是社会的基底神经元，而不是社会生活的全部。经过改造的经济学将不再讨论生产什么、怎样生产和为谁生产，而是将重心放在为什么而生产上。

在政治领域，一般的民主观念系统包含两项内容。一是个体必须具备必要的智慧，才能在个人利益驱动下，参与政治活动。文盲和低能者注定会被驱离于政治之外，要不就是被当作猴耍。一是普选、官员轮选、多数人决定原则能确保选举出来的统治者满足公众的愿望和维护公众的利益。第二项内容在某种程度上是和第一项内容紧密相连的，认为个人有能力去设计政策，判断结果，有能力在工作中为了善而倡导某种政治行为，也有能力加强自己善的观念，并以之对抗相反的力量。

杜威的政治观点中，首要的就是个体性的实现。当个体得到尊重时，第一个（也是具有决定性的）条件就得到了满足。个体即使达不到"全能的个人水平"，也可以实现和维护自己的利益；在此基础之上，第二个条件也不难满足。如果统治者不能够满足、实现公众的欲望和利益，也就是说，是脱离公众的，那么就会出现以下后果：第一，这些所谓的精英的才能与成绩将无从证实，甚至连检验与核对也无从下手；第二，社会管理是非常重视经验的行当，当通过普选、官员轮选、多数人决定原则选举出来的统治者和依靠自身才华、资历的专家不能服务于民众时，他们的行为只能是无的放矢，而不能使自己的智识获得进一步增长，经验也不能逐渐丰富；第三，在这种情况下，他们行事时若不能得到公正的支持，不能获得必要和足够的资源与力量，就变成专断和凌空的，也是虚弱和没有前途的。

再者，假如统治者因为个人私利、滥用权力而损害了公众利益，但只要个体性得到保证，民众有参与政治和社会事务的能力，民主依然可以得到保障。第一，在参与机制之下，公众可以对统治者进行有效的监督。尽管普通人不懂得更专业化的运作，但一定会感知到社会事务的结果。普通乘客也许不懂驾驶技术，但一定知道自己有没有到达目的地；患者不懂医药机理，但一定知道自己有没有痊愈。当统治者服务公众的承诺得不到"兑现"时，民众一定会有相应的反应，从而对其进行纠错。第二，统治者即使躲过一时，也肯定不会长久。问责机制会使他的下一个任期面临"破产"——他不再有机会当选或被任命，甚至等不到下一个任期（如理查德·尼克松）。在民主机制下，被统治者可以实现对统治者的统治，权力可以被关进笼子。民主和公众的利益就在这种统治者和被统治者的关系中得到体现，民治也间接而更有效地实现了。

因此，民主的关键不在于是不是民众直接统治，而在于他们的利益能不能得到充分的保障。为实现这一目标，就需要采取智慧和合作的方式，否则就会陷入民粹主义的泥潭，最终导致极权的出现。普通人在面对复杂的专业事务时通常会发现自己束手无策，因而就很容易从一个极端走向另一个极端，甚至全心全意地依靠一个外来的力量，变成了懵懂的乌合之众，以致特别容易受到那些野心勃勃的煽动者的操纵，德国20世纪30年代的历史已经证明了这一点。合理的方式是公众选出自己的中介，即自己的代理人，但一定要能够制代理人而不制于代理人。统治者的风筝可以飞得很高也必须飞得很高，但被统治者必须攥紧手中的线。

根据这样的关系，传统社会阶级的二元论终结，并将民主的精髓扩大到整个社会，那就是，通过持续地合作、交流、探究和分享，普通大众不断成长、个体性日益完善并持续获得发展的好处；而那些在工业、政治、知识、舆论乃至娱乐界拥有统治地位的精英，也不断地担负起自己的责任，所有社会成员将日益构成一个具有共同意志、目标和利益的共同体。

关于信仰，杜威对传统宗教进行了改造，将传统宗教中唯一的、特定的、大写的实存——The God，改造为实验主义强调的信仰对象——A God。后者意指所有激发人们展开行动的理想目标的统一体。这种统一，不是因为它自身固有的价值，而是为了把人们的生活转变为某种更加高级的实在，并对人们的态度和品行有所要求，意味着一个人在某个既定的时间和地点所承认的，对于他的意志活动和情绪拥有权威的那些理想目标及其极力献身的那些价值。不定冠词没有明确所指对象，但它极为符合历史上的宗教传统。作为假设和中介，它意味着信仰对象某种大写的先在的存在性的有无是无关紧要的，重要的是这种信仰对象在促进人类普遍交往以及自由方面所产生的后果、所起到的作用。这就是宗教性的"一个上帝"概念，由它建构的信念体系就是实验主义的共同信仰。

杜威对于上帝的改造，还以一种自然的形式，肯定并拓展了康德的理性宗教。康德在理性领域为信仰保留了地盘，力图建立理性宗教。但如果运用先验的方法（他的根本方法），即通过一套严密的辩证推理方法证明上帝存在，又会陷入被他批判的本体论证明中，于是他采取了假设的办法，即上帝公设，也就是假定上帝存在而且是一个神圣的信仰对象。这实际上是一种实验主义的方法，意味着上帝不再是一种实存和认识的对象，于是"关于上帝的直接知识只能告诉我们上帝是存在的，而不能告诉我们上帝是什么……因此，作为宗教对象的上帝就被明确地限定于抽象的上帝，限定于没有规定的超感性事物，而宗教在其内容方面也被简化到了最小限度"①，成了一个是者（sein），一个"单纯的 caput mortuum（骷髅）"②。康德解释说："我们的义务是促进至善，因而不仅有权，而且也有与这个作为需要的义务结合着的必要，来把这个至善的必要性预设为前提，至善由于只有上帝存在的条件下才会发生，它就把它的这个预设与义务不可分割地结合起来，即在道德上有必要假定上帝的存有。"③

这就是说，人类需要确信他追求至善的目的一定会达到，他道德上的努力一定会获得全善、全知、全能的主宰的指引和支持，他的所作所为也一定会被最高法庭来鉴别与判决。尽管人的自由意志就是这个主宰和法庭，但是如果缺少信仰的对象，就会像古希腊人那样，"只把人的意志运用自己的自由那个规则当成这种可能性的唯一的和独自充分的理由，依他们看来并不为此需要上帝的存有"④。由于没有中介而直接运用自由意志，他们在解决有关至善的实践可能性问题上就不可能成功。因此，"以这种方式，道德律就通过至善作为纯粹实践理性的客体和终极目的而引向了宗教……道德律命令，

---

① 〔德〕黑格尔：《逻辑学》，梁志学译，人民出版社，2002，第146页。
② 〔德〕黑格尔：《逻辑学》，梁志学译，人民出版社，2002，第218页。
③ 〔德〕康德：《实践理性批判》，邓晓芒译，人民出版社，2003，第172页。
④ 〔德〕康德：《实践理性批判》，邓晓芒译，人民出版社，2003，第172页。

要使一个世界中的可能的至善成为我的一切行为的最后的对象"①。通过自由意志与神圣的善意的创世者的意志协调一致，纯粹实践理性得以实现。上帝公设采用了一个"假设"的中介、一个有利于承担道德责任的工具。只有借助这个中介和工具，理性宗教才是有保障的，才是前景光明和富有生命力的。上帝公设的采用表明，不是先天的道德原则而是实验主义方法产生的灵感满足了人类信仰方面的需求。

综上所述，杜威在社会领域的大多数观点，都是其基本的哲学观点的应用。他对传统二元论进行了持续的批判，去除了其中先入为主的基础主义成分，将哲学改造为适用于人类生存的工具和手段。他主张，通过运用人类的智慧和勇气，通过持续不断地调适、实验和修正，个体可以不断地得到改善；通过人与人之间明智而又真诚地交流与合作，整体社会事务也可以持续向前推进。他摒弃了传统哲学推崇先天原则和后天终极这样的做法——它们只能产生抽象、空洞和僵化的观念，以此控制和禁锢丰富多彩的经验世界，使之日益失去活力乃至消亡，强调手段和目的之间的相互适应。他将学校、工业、政府、信仰对象都看作人类努力改善自身境况的中介性工具，并始终相信，通过智慧的工具主义，资本主义将通过改造而较为完好地存在。同样，人类不仅能够在这个动荡不安的世界上获得安全感，还能够使自己的经验不断丰富、状况不断改善、意义不断凸显、新的历史不断被创造出来。正是实验主义哲学积极进取、现实而又乐观的气质，体现并指引了美国的前进之路，使杜威能够成为美国精神的象征，并使他的思想给予中国的改革发展以非常大的借鉴

---

① 〔德〕康德：《实践理性批判》，邓晓芒译，人民出版社，2003，第176～177页。

意义。

　　当然，如同任何一种学说一样，杜威的思想也不可能十全十美，甚至其中的缺陷是显而易见的。他的实验主义"超越"于唯物和唯心之上，对世界、人生和社会采取了相对主义态度，看似高明实则不负责任，是一种唯心主义。这种思想运用于社会领域，很容易以主观愿望代替客观现实，或者是避重就轻，捡了芝麻而丢了西瓜。杜威的社会观中忽视了阶级斗争这一不可避免又非常必要的现实，一味强调社会成员之间的合作、交流和共享，他的过于乐观使其学说显得非常幼稚和简单，其零碎的做事方式也不能使群体产生统一观念而形成合力。他在不改变私有制（资本—劳动对立）的情况下主张实行劳资联合，显得非常一厢情愿；在利益集团干预美国政治进程的情况下期望出现代表人民的新政党，更是与虎谋皮；而在科学技术高度发达、独立自由观念深入人心的情况下，试图借用中世纪遗留的上帝名义以求实现全人类团结，也已经被历史证明不过是望梅止渴。资本主义没有如他所愿地解决自己的问题，反而使情况更加恶化。对照美国实际发生的历史，杜威的哲学似乎并未成功地在社会改造中发挥作用，他所追求的团结与进步也似乎变得遥不可及。

参考文献

中文部分

陈亚军:《形而上学与社会希望》,江苏人民出版社,2009。

陈亚军:《哲学的改造》,中国社会科学出版社,1998。

陈亚军:《杜威心灵哲学的意义与效应》,《复旦学报》(社会科学版)
2006 年第 1 期。

陈亚军:《胡克:马克思主义还是实验主义》,《广东社会科学》2003
年第 3 期。

陈亚军:《心灵存在何以可能?——杜威—米德的心灵发生学探讨》,
《文史哲》2006 年第 6 期。

陈怡:《经验与民主——杜威政治哲学基础研究》,复旦大学出版社,
2002。

董山民:《民主的改造——杜威政治哲学辨略》,湖南大学出版社,
2015。

〔德〕卡尔·雅斯贝尔斯:《历史的起源与目标》,魏楚雄、愈新天译,
华夏出版社,1989。

〔德〕黑格尔:《法哲学原理》,范扬、张企泰译,商务印书馆,1961。

〔德〕黑格尔：《逻辑学》，梁志学译，人民出版社，2002。

〔德〕康德：《纯粹理性批判》，邓晓芒译，人民出版社，2004。

〔德〕康德：《实践理性批判》，韩水法译，商务印书馆，1999。

〔德〕康德：《道德形而上学原理》，苗力田译，上海人民出版社，1988。

〔法〕费尔南·布罗代尔：《资本主义论丛》，顾良、张慧君译，中央编译出版社，1997。

〔法〕托马斯·皮凯蒂：《21 世纪资本论》，巴曙松等译，中信出版社，2014。

〔法〕托克维尔：《论美国的民主》，张杨译，湖南文艺出版社，2011。

〔古希腊〕柏拉图：《理想国》，郭斌和、张竹明译，商务印书馆，1986。

李秋零主编《康德著作全集》第 8 卷，中国人民大学出版社，2010。

刘放桐：《杜威哲学的现代意义》，《复旦学报》（社会科学版）2005 年第 5 期。

《马克思恩格斯全集》第 3 卷，人民出版社，1956。

马克思：《1844 年经济学哲学手稿》，刘丕坤译，人民出版社，1979。

〔美〕杜威：《自由与文化》，傅统先译，商务印书馆，2013。

《杜威五大讲演》，胡适译，安徽教育出版社，2005。

〔美〕杜威：《经验与自然》，傅统先译，中国人民大学出版社，2012。

〔美〕杜威：《民主与教育》，薛绚译，译林出版社，2012。

〔美〕杜威：《人的问题》，傅统先、邱椿译，江苏教育出版社，2006。

〔美〕杜威：《哲学的改造》，胡适等译，安徽教育出版社，2006。

〔美〕杜威：《确定性的寻求》，傅统先译，上海人民出版社，2004。

〔美〕杜威：《评价理论》，冯平、余泽娜等译，上海译文出版社，2007。

〔美〕杜威：《新旧个人主义——杜威文选》，孙有中等译，上海社会科学院出版社，1997。

〔美〕杜威：《哲学的改造》，许崇清译，商务印书馆，2004。

〔美〕威廉·詹姆士：《实验主义》，陈羽纶、孙瑞禾译，商务印书馆，
1996。

〔美〕詹姆斯·坎贝尔：《理解杜威——自然与协作的智慧》，杨柳新
译，北京大学出版社，2010。

〔美〕罗伯特·威斯布鲁克：《杜威与美国民主》，王红欣译，北京大
学出版社，2010。

〔美〕罗蒂：《后形而上学希望——新实验主义社会、政治和法律哲
学》，张国清译，上海译文出版社，2003 。

〔英〕怀特海：《过程与实在》，杨富斌译，中国城市出版社，2003。

〔美〕罗伯特·塔利斯：《杜威》，彭国华译，中华书局，1998。

〔美〕桑德拉·罗森塔尔：《从现代背景看美国古典实验主义》，陈维
纲译，开明出版社，1992。

〔美〕约瑟夫·熊彼特：《资本主义、社会主义与民主》，吴良键译，
商务印书馆，1999。

〔美〕保罗·萨缪尔森、威廉·诺德豪斯：《经济学》（第 17 版），萧
琛主译，人民邮电出版社，2004。

〔美〕米尔顿·弗里德曼、罗斯·弗里德曼：《自由选择》，胡骑、席
学媛、安强译，商务印书馆，1982。

〔美〕威廉·曼彻斯特：《光荣与梦想》，朱协译，海南出版社，2006。

〔美〕约翰·邓恩编《民主的历程》，林猛等译，吉林人民出版社，1999。

〔美〕沃尔特·李普曼：《公众舆论》，阎克文、江红译，上海人民出
版社，2002。

〔美〕沃尔特·李普曼：《幻影公众》，林牧茵译，复旦大学出版社，
2013。

贺麟：《现代西方哲学讲演集》，上海人民出版社，1984。

涂纪亮编《杜威文选》，社会科学文献出版社，2006。

涂纪亮：《美国哲学史》（第 2 卷），社会科学文献出版社，2007。

俞吾今主编《杜威、实验主义与现代哲学》，人民出版社，2007。

余泽娜：《经验、行动与效果的彰显——杜威价值论研究》，广东人
　　民出版社，2013。

袁刚、孙家祥、任丙强编《民治主义与现代社会——杜威在华讲演
　　集》，北京大学出版社，2004。

〔英〕阿诺德·汤因比：《历史研究》，刘北成、郭小凌译，上海人民
　　出版社，2000。

〔英〕D. 麦克莱伦：《历史与现在：马克思和马克思主义》，陈亚军
　　译，《世界哲学》2005 年第 1 期。

〔英〕琼·罗宾逊：《经济哲学》，安佳译，商务印书馆，2011。

〔印〕阿玛蒂亚·森：《正义的理念》，王磊、李航译，中国人民大
　　学出版社，2012。

张立成：《杜威的心灵哲学》，中国社会科学出版社，2011。

赵一凡编《美国的历史文献》，蒲隆等译，生活·读书·新知三联书
　　店，1989。

《哲学研究》编辑部：《资产阶级哲学资料选辑》，上海人民出版社，
　　1966。

英文部分

Riehard Bemstein, *John Dewey* (New York: Washington Square Press,
　　Inc. , 1966).

Lewiso Brastow, *A Study of Homiletic Principles and Methods* (Boston:

Pilgrim Press, 1914).

Frank Thilly, *A History of Philosophy* (New York: Henry Holt and Co., 1914).

James Campbell, *Understanding John Dewey* (Chicago, IL: Open Court Publishing Company, 1995).

Henry Steele Commager, *The American Mind* (New Haven, CT, US: Yale University Press, 1950).

Merle Curti, *The Growth of American Thought* (New York: Harper & Row Publisher, 1964).

John Dewey, *The Early Works*, Vol. 1 (Carbondale and Edwardsville, IL: Southern Illinois University Press, 1969).

John Dewey, *The Early Works*, Vol. 2 (Carbondale and Edwardsville, IL: Southern Illinois University Press, 1970).

John Dewey, *The Early Works*, Vol. 5 (Carbondale and Edwardsville, IL: Southern Illinois University Press, 1972).

John Dewey, *The Middle Works*, Vol. 3 (Carbondale and Edwardsville, IL: Southern Illinois University Press, 1977).

John Dewey, *The Middle Works*, Vol. 4 (Carbondale and Edwardsville, IL: Southern Illinois University Press, 1977).

John Dewey, *The Middle Works*, Vol. 7 (Carbondale and Edwardsville, IL: Southern Illinois University Press, 1978).

John Dewey, *The Middle Works*, Vol. 8 (Carbondale and Edwardsville, IL: Southern Illinois University Press, 1979).

John Dewey, *The Middle Works*, Vol. 9 (Carbondale and Edwardsville, IL: Southern Illinois University Press, 1979).

John Dewey, *The Middle Works*, Vol. 10 (Carbondale and Edwardsville, IL: Southern Illinois University Press, 1980).

John Dewey, *The Middle Works*, Vol. 11 (Carbondale and Edwardsville, IL: Southern Illinois University Press, 1982).

John Dewey, *The Middle Works*, Vol. 12 (Carbondale and Edwardsville, IL: Southern Illinois University Press, 1982).

John Dewey, *The Middle Works*, Vol. 14 (Carbondale and Edwardsville, IL: Southern Illinois University Press, 1983).

John Dewey, *The Middle Works*, Vol. 15 (Carbondale and Edwardsville, IL: Southern Illinois University Press, 1988).

John Dewey, *The Later Works*, Vol. 1 (Carbondale and Edwardsville, IL: Southern Illinois University Press, 1981).

John Dewey, *The Later Works*, Vol. 2 (Carbondale and Edwardsville, IL: Southern Illinois University Press, 1984).

John Dewey, *The Later Works*, Vol. 3 (Carbondale and Edwardsville, IL: Southern Illinois University Press, 1984).

John Dewey, *The Later Works*, Vol. 5 (Carbondale and Edwardsville, IL: Southern Illinois University Press, 1984).

John Dewey, *The Later Works*, Vol. 6 (Carbondale and Edwardsville, IL: Southern Illinois University Press, 1985).

John Dewey, *The Later Works*, Vol. 9 (Carbondale and Edwardsville, IL: Southern Illinois University Press, 1986).

John Dewey, *The Later Works*, Vol. 10 (Carbondale and Edwardsville, IL: Southern Illinois University Press, 1986).

John Dewey, *The Later Works*, Vol. 11 (Carbondale and Edwardsville, IL:

Southern Illinois University Press，1987）.

John Dewey，*The Later Works*，Vol. 13 （Carbondale and Edwardsville，IL：Southern Illinois University Press，1988）.

John Dewey，*The Later Works*，Vol. 14 （Carbondale and Edwardsville，IL：Southern Illinois University Press，1988）.

John Dewey，*The Later Works*，Vol. 15 （Carbondale and Edwardsville，IL：Southern Illinois University Press，1989）.

John Dewey，*The Later Works*，Vol. 16 （Carbondale and Edwardsville，IL：Southern Illinois University Press，1984）.

John Dewey，*Experice and Nature* （Chicago and Salle，IL：Open Court，1994）.

Joseph Grange，*John Dewey，Confucius，and Global Philosophy* （Albany，NY：State University of New York Press，2004）.

Sidney Hook，*John Dewey* （New York：Prometneus Books，1995）.

John J. McDemott，*The Philosophy of John Dewey* （The University of Chicago and London，1981）.

Bertrand Russell，*A Hisory of Western Philosophy* （New York：Simon and Sehustef，1945）.

John R. Shook，*Dewey's Empirical Theory of Knowledge and Reality* （Nashville，TN：Vanderbilt University Press，2000）.

John J. Stuhr，*Classical American Philosophy* （New York：Oxford University Press，1987）.

Robert B. Westbrook，*John Dewey and American Democracy* （Ithaca，NY：Cornell UniversityPress，1991）.

致　谢

感谢陈亚军老师的教诲、宽容和对我寄予希望！

感谢张荣老师的照顾和鼓励！

感谢社会科学文献出版社高雁编辑的热心帮助！

感谢朱光亚博士的古道热肠！

感谢王文东校长和王宏波院长关怀备至，鼎力相助！

感谢南京大学！

感谢天水师范学院！

感谢我的家人给我的幸福与动力！

感谢生活给予我感谢的机会！

图书在版编目（CIP）数据

杜威哲学与社会改造／钱晓东著. -- 北京：社会
科学文献出版社，2022.1
　　ISBN 978 - 7 - 5201 - 9668 - 0

　　Ⅰ.①杜…　Ⅱ.①钱…　Ⅲ.①杜威（Dewey，John
1859 - 1952）- 哲学思想 - 思想评论　Ⅳ.①B712.51

　　中国版本图书馆 CIP 数据核字（2022）第 012512 号

杜威哲学与社会改造

著　　　者／钱晓东

出　版　人／王利民
责任编辑／高　雁
责任印制／王京美

出　　　版／社会科学文献出版社（010）59367226
　　　　　　地址：北京市北三环中路甲 29 号院华龙大厦　邮编：100029
　　　　　　网址：www. ssap. com. cn
发　　　行／社会科学文献出版社（010）59367028
印　　　装／三河市尚艺印装有限公司

规　　　格／开本：787mm×1092mm　1/16
　　　　　　印张：13　字数：158 千字
版　　　次／2022 年 1 月第 1 版　2022 年 1 月第 1 次印刷
书　　　号／ISBN 978 - 7 - 5201 - 9668 - 0
定　　　价／128.00 元

读者服务电话：4008918866